La Técnica Throga

A mis estudiantes, pasado, presente y futuro:
He aprendido de todos ustedes. Me siento (privilegiado) y honrado de haber conocido sus voces en su forma más vulnerable. Espero que cada uno de ustedes continúe desarrollando y compartiendo su increíble instrumento para que el mundo lo pueda escuchar.

7 Dimensiones del Canto

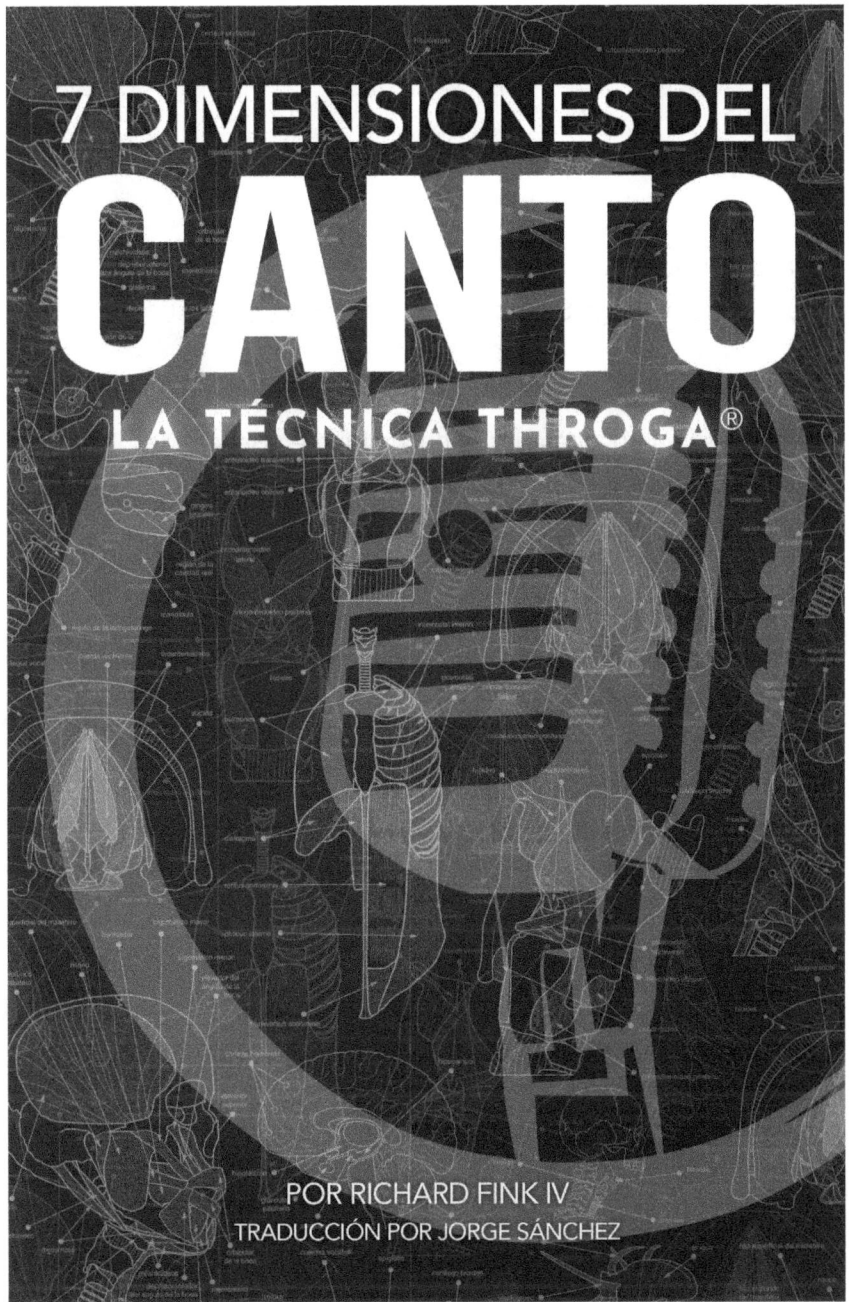

7 Dimensiones del Canto

Editado por Andrew Phan
Traducción por Jorge Sánchez

Corrección por Laura De La Rosa (Push Love Pro.) y Brigitte Krahn
Ilustraciones anatómicas por Rebecca King en Renegade Chihuahua
Diseño del libro e ilustraciones de capítulos por Richard Fink IV
Diseño de Cubierta por Lyndsay Polizzi

© 2019 Richard Fink IV
Todos los derechos reservados. Ninguna parte de esta publicación puede ser reproducida, almacenada en un sistema de recuperación o transmitido en cualquier forma o por cualquier medio electrónico, mecánico, fotocopia, de grabación u otro, sin el permiso escrito del propietario del derecho de autor.

Impreso en los Estados Unidos
Edición en Español

Publicado por Throga LLC
PO Box 562
Bergen, NY 14416 USA

www.THROGA.com

ISBN: 978-1-7328869-2-6

Agradecimientos

Gracias a las siguientes personas;

Alysia, Ada y Aurora por creer en mí y continuar soportando innumerables madrugadas y llegadas tarde en las noches por causa de mi trabajo para así perseguir mi pasión; **Andrew Phan** por tu guía, percepción y tu honestidad implacable, sin ellas este libro no sería posible; **Mark Baxter** por continuar inspirándome en convertirme en el mejor maestro que puedo ser y por siempre animarme en cantar en las buenas y en las malas; ***Susan y Richard*** por poner la barra lo suficientemente alta para enseñarme a pelear por algo que realmente deseaba; ***Johnny Cummings*** por ayudarme a forjar una carrera en el canto y la música por los últimos 20 años, colaborando en incontables proyectos; ***Kathy White y Barb Galiford*** por hacerme sentir como un cantante mucho antes que cualquier otro lo notara, y por plantar las semillas de gozo al enseñar a otros; ***Tony Gross*** por ayudarme a navegar por la industria musical durante mis primeros años, ***George Collicio*** por darle a un joven ansioso y animado, su primera oportunidad para enseñar ***Theodis Anderson***, por creer en mi éxito en todo momento; **Instructores Certificados de Throga** por mantener el ritmo proverbial de Throga en un esfuerzo por ayudar a otros a revelar su don como cantantes; ***Jim Bostock*** por tu experiencia y apoyo en la misión de Throga; **Kemo Bunguric y la Academia JMC** por dar la bienvenida a la técnica Throga con los brazos abiertos en una nueva comunidad de cantantes; ***Sarah Thiele*** por tu valor e inspiración en las etapas iniciales de Throga; y finalmente, ***Ted Neeley*** por iluminar un camino de inspiración y traer esperanza a otros con el canto, contando historias y por sobre todo, compasión.

Prefacio

¿Eres curioso? ¡Eso es genial! Porque una mente inquisitiva es una manera maravillosa de abordar la brillantez de las "7 dimensiones del canto". Es un honor para mí presentar a su creador, Richard Fink IV. Por lo mismo, debemos decir que fue su curiosidad la que dio nacimiento a este concepto único. Y también debemos decir que esa misma curiosidad nunca descansó hasta que cada dimensión de la voz fue integrada como nunca antes. La curiosidad lleva a posibilidades. El compromiso lleva al éxito.

Conocí a Richard hace muchos años, como un estudiante en mi estudio ubicado en Manhattan. Puede ser el ganador de dos premios de los Record Guinness por ciertas habilidades vocales. ¡Pero también tiene el record en mi libro de más preguntas hechas en una clase de canto! Fue durante esas primeras clases que Richard se estableció como un erudito vocal. Años después, no solo le di mi bendición para que se hiciera un maestro, también me emocioné por sus futuros estudiantes. Muchos cantantes dan clases en algún punto de sus vidas, pero muy pocos tienen la pasión sobre la fisiología y las físicas del sonido como Richard.

Incluso ahora, con un grupo cada vez mayor de instructores certificados de Throga que lo consideran su mentor, Richard continúa desafiando el status quo de la mejora vocal. La aceptación lleva a la complacencia. La culminación de esta incesante búsqueda para incorporar cada aspecto del canto en un solo sistema resultó en algo nunca antes alcanzado por ningún otro pedagogo vocal en la historia: Una patente en los Estados Unidos. Y aunque este logro es muy impresionante, lo que hace a Richard un maestro tan especial no es algo que fue adquirido tras años de estudio. Es su compasión.

No le puedes enseñar a alguien a sentir o querer. Es la compasión de Richard por ayudar a otros que ilumina su curiosidad e impulsa su deseo. Es hermoso. La compasión lleva a la conexión. Es por eso que estoy emocionado por ti que te estás embarcando en este viaje multidimensional de superación personal. Sí, este programa es sobre el canto pero no hay nada más que refleje tanto al alma como lo hace tu voz. Todo lo que necesitas para transformar al cantante interno está aquí. Y si tienes poca motivación, tienes a Richard Fink IV como inspiración. Sé curioso, sé comprometido, sé compasivo. El cantar lleva al amor.

- **Mark Baxter**
  Reconocida Autoridad Vocal Mundial

Contenido

Introducción 1
Como trabaja tu Instrumento 5
¿Qué es Throga? 11
    Gimnasio Vocal 14
    Pautas de Throga 16
    7 Dimensiones del Canto 20
Flexibilidad: 1ra Dimensión 23
    Ejercicio de Flexibilidad 28
Respiración: 2da Dimensión 33
    Ejercicio de Respiración 40
Entonación: 3ra Dimensión 45
    Ejercicio de Entonación 50
Rango: 4ta Dimensión 55
    Ejercicio de Rango 63
Tono: 5ta Dimensión 69
    Ejercicio de Tono 76
Articulación: 6ta Dimensión 81
    Ejercicio de Articulación 88
Fortaleza: 7ma Dimensión 93
    Ejercicio de Fortaleza 99
7DS en el Escenario 103
    Canto Consciente 105

Diagnóstico y Soluciones.. **113**
   Soluciones Dentro y Fuera del Escenario............................ **116**
      Soluciones para Flexibilidad **118**
      Soluciones para Respiración **119**
      Soluciones para Entonación **120**
      Soluciones para Rango **122**
      Soluciones para Tono **123**
      Soluciones para Articulación **124**
      Soluciones para Fortaleza.. **126**
   Errores en el Escenario... **127**
Mapa de Ejercicios Vocales.. **131**
   Formante **136**
   Distintivo... **137**
   Patrón **138**
   Volumen.. **139**
   Tempo **140**
   Variable... **141**
No es el Destino es el Diario de Viaje **151**
   Diario del Gimnasio Vocal **154**
   ¿Qué tan Seguido Debería de Practicar?............................... **158**
   ¿Cómo sé Que Estoy Mejorando? **160**
Glosario de Términos.. **165**
Sobre el Autor... **177**

Introducción

"Si puedes hablar, puedes cantar".

Esta declaración puede crear mucha controversia entre aquellos que creen que uno debe de "nacer para cantar" para cantar bien. Sin embargo, todos nacemos generalmente iguales en nuestras habilidades para hacerlo. Imagínate por un momento, a un doctor mirando dentro de tu garganta con una máquina de rayos X. Sin nunca haber escuchado tu voz, ¿Podría esta persona o cualquier tipo de especialista, saber si hablas con un acento sureño, cantas afinado, tienes un sonido muy "nasal" o puedes alcanzar notas agudas al cantar?

No.

Todos estos son rasgos de comportamiento, y no predisposiciones genéticas. El sonido de tu voz se debe sólo parcialmente a su forma y tamaño (genética) y a la forma en que se lo cuida (salud general). La mayoría del sonido proviene de la forma como lo tocas.

Tal vez te estés preguntando, si eso es cierto, por qué hay tanta variación cuando pasan los años, o por qué algunas personas parecen tener una habilidad más "natural" para cantar que otras. La razón de esto es porque el canto tiene que ver poco con nuestro ADN y mucho más en cómo coordinamos y nos programamos nosotros mismos al sonido, particularmente durante los primeros siete años de la infancia.

Nos pasamos esos primeros años de formación imitando el tono, volumen, entrega y dialecto de las voces de nuestros padres cuando estamos aprendiendo a hablar y aquellos cantando en nuestra casa , con la radio o en la iglesia. Todo lo que nos rodea en forma social y ambiental, juega un rol en el desarrollo de nuestra voz. Es por esto que pueden haber miles de diferentes personas cantando la misma canción pero con miles de diferentes resultados.

¿Pero, qué significa todo esto? Significa que con el entrenamiento correcto, puedes cambiar en forma dramática el comportamiento de tu instrumento y por ende, el sonido de tu voz. El primer paso para hacer esto es el de aceptar que el CAMBIO ES POSIBLE.

"Nuestras creencias controlan nuestros cuerpos, nuestras mentes y por lo tanto, nuestras vidas..."

- Bruce H. Lipton (1944 -)

Nuestras voces son un reflejo de nuestras creencias, personalidades, experiencias de vida y deseos. Para algunos de nosotros, aquellas experiencias de vida y deseos nos han empujado a estudiar y practicar con mucho esmero, para alcanzar lo que en un estándar público está aceptado como un "buen", cantante. Pero, ¿qué tiene de malo con cantar solo por el amor al canto?

Nada.

En la mayoría de las sociedades modernas, cantar con el propósito de expresión propia, comunicación y conexión humana se ha debilitado a gran medida. Su pureza ha evolucionado lentamente a una forma de arte competitiva en los últimos siglos. Este cambio transformó el canto en un medio de veneración, aceptación social y una forma de ganar dinero como una máquina altamente rentable. Naturalmente, todos deberían de animarse a buscar un alto nivel de habilidad vocal por un sin fin de razones. Pero es esencial que no perdamos la vista de por qué cantamos en primer lugar.

La meta de este libro es la de desafiar tus perspectivas y compartir ideas sobre el instrumento vocal que te llevarán a alcanzar tus metas, al igual que mis maestros, estudiantes y los estudios lo han hecho por mi. A través de mi viaje y hasta ahora, he tenido la fortuna de trabajar con muchos cantantes de diferentes culturas y estilos, oradores y educadores. Ellos han confiado en mí dejándome una vida de historias inspiracionales, divertidas, trágicas y sobre todo sanadoras, que me han enseñado el verdadero valor del canto y su habilidad de cultivar el propio yo. Estas historias, algunas que estaré compartiendo con ustedes, están todas conectadas como la inspiración para las *7 Dimensiones del Canto: La Técnica de Throga*.

No importa si eres un cantante principiante o uno profesional, te insto a que seas vulnerable. Lo que separa Throga de otras técnicas no son los ejercicios sugeridos en este libro, sino más bien en cuáles ejercicios te deberías de enfocar y cómo deberías practicarlos. Te pido que aprendas de tus errores y estés abierto al cambio mientras tomamos este viaje juntos en la mejora no solo de nuestras voces, también en el proceso, de nosotros mismos.

*Sección **Multimedia del Libro 7DS**: Material adicional de descarga, incluyendo audios y plantillas de práctica que se hacen referencia en este libro, pueden ser obtenidos en throga.com y en la aplicación móvil de Throga (Compatible con dispositivos iOs, Android y Windows).*

7 Dimensiones del Canto

Cómo Trabaja tu Instrumento

Capítulo I

Antes de sumergirnos en Throga, primero debemos familiarizarnos con los conceptos básicos de cómo funciona nuestro instrumento. Hasta el último cuarto del siglo XX, aquellos interesados en desarrollar y perfeccionar sus habilidades vocales utilizaron técnicas derivadas de la mímica, la ciencia observacional y la especulación. Por suerte para nosotros, con los avances tecnológicos actuales, como el uso de laringoscopios de fibra óptica y video, espirómetros, espectrómetros, resonancia magnética, resonancia magnética funcional (IRMR) y máquinas de escaneo CAT, ya no necesitamos adivinar.

Como cualquier otro instrumento musical, la voz requiere de cuatro elementos fundamentales para producir un sonido controlado: El primero es la forma de convertir energía en movimiento, conocido como el "activador" (respiración), el siguiente es la superficie que reaccionará a ese movimiento conocido como el "vibrador" (cuerdas vocales). Las ondas de presión de la vibración, rebotan en una cámara expandiendo el sonido, conocido como el "resonador" (tracto vocal). Finalmente, tenemos a un elemento que nos ayuda a refinar y darle forma al sonido, conocido como el "articulador" (lengua, mandíbula y los labios). Sin embargo, nuestro cerebro debe primero iniciar el intento de vocalizar instruyendo al cuerpo a inhalar.

El proceso de inhalación envuelve al diafragma (Músculo de gran tamaño debajo de los pulmones y que separa el pecho del abdomen) y los músculos externo-intercostales (tejidos entre las costillas), la cuales se flexionan para extender el tamaño de los pulmones y llevar todo el aire hacia adentro. El cerebro entonces continúa el monitoreo y la regulación de las acciones del proceso de vocalización en respuesta al sonido producido, las intenciones del músico y el comportamiento programado de la mente.

En el siguiente diagrama, podemos ver el ciclo de eventos que ocurren cada vez que fonamos (hablar o cantar):

La Técnica Throga

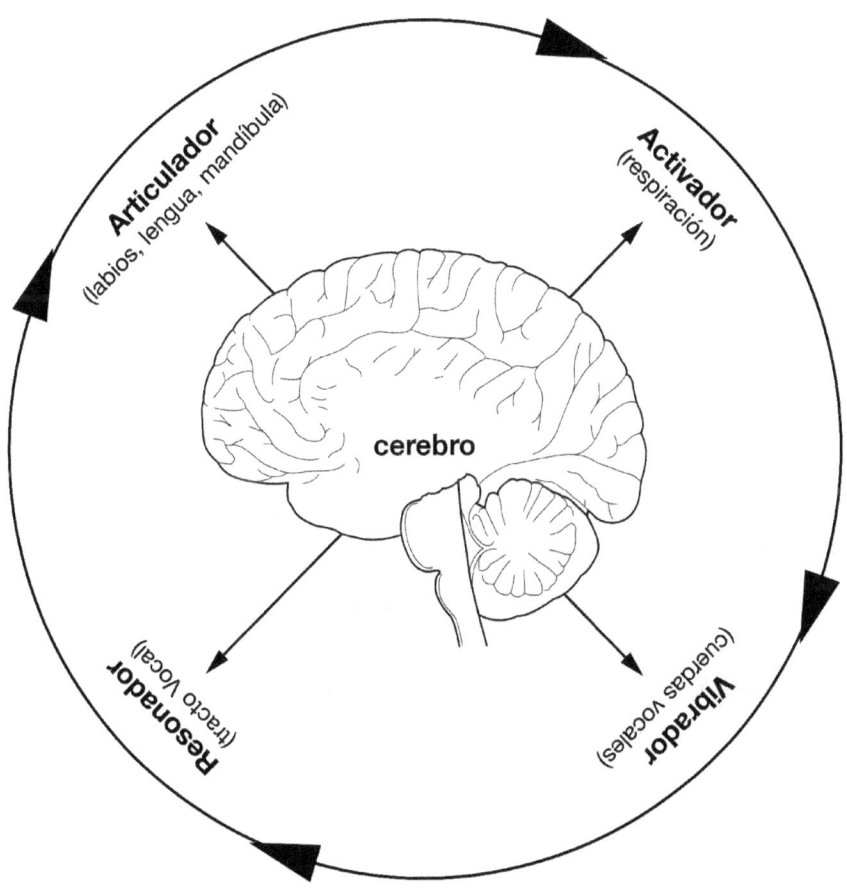

(1) **Activador:** Aire es liberado a través de una relajación controlada de los músculos de inhalación que están trabajando en contra de los abdominales y los músculos interno-intercostales (también tejidos en las costillas). La presión de aire liberada (nuestra respiración) actúa como el activador del instrumento, enviando el aire hacia arriba desde los pulmones y a través de la laringe (Caja vocal) a la parte superior de la tráquea, justo debajo de un hueso con forma de "U" llamado hioides.

(2) **Vibrador:** Las cuerdas vocales, que se encuentran en tu laringe, se juntan en contra del aire liberado, causando que ellas vibren como describe el Efecto de Bernoulli (Un principio en la Física que causa un ciclo de vibración) a varias velocidades en respuesta a la tensión de las cuerdas. La vibración de las cuerdas es formalmente conocida como la onda mucosa.

(3) **Resonador:** El movimiento de las cuerdas vocales empuja las moléculas de aire alrededor, creando una onda de sonido (frecuencia fundamental). Esta onda ajustable es entonces mejorada y moldeada a los deseados tonos como respuesta a las cámaras resonadoras de espacio, conocido como el tracto vocal. El tracto vocal incluye la faringe (garganta), cavidades orales y las cavidades nasales.

(4) **Articulador:** Afinamos e intencionalmente cambiamos la frecuencia mejorada para crear formas identificables y sonidos (vocales y consonantes), ajustando los músculos relacionados con la lengua, mandíbula y labios.

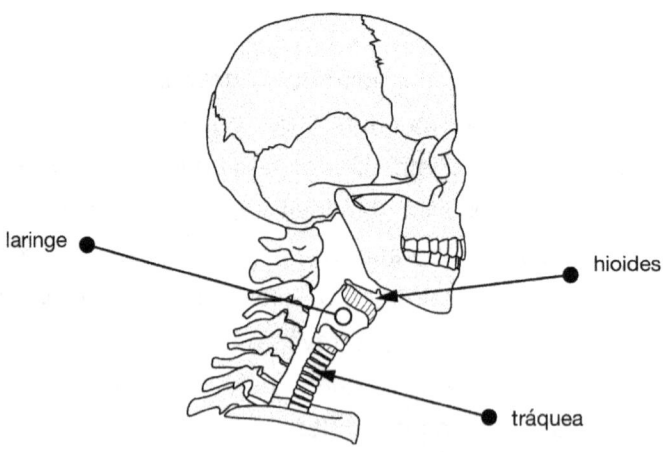

Ya con parte de los tecnicismos a un lado, es importante dejar en claro que el significado de muchas palabras clave y frases usadas deberían basarse en el contexto de este libro. Nuestras experiencias previas con una palabra o concepto en un nuevo lugar puede algunas veces confundirnos. Y esto ocurre mucho en el campo de la técnica vocal, donde muchas disciplinas que pueden ser parecidas, tienen creencias y frases anticuadas que son muy controversiales.

Si en algún punto, sientes que algo puede estar contradiciéndose a tu conocimiento actual o tus estudios, tómate un momento para usar como referencia el Glosario de términos que se encuentran al final del libro. No te preocupes, ¡no necesitas memorizarlo para poder cantar de la mejor forma!

Resumen de Cómo Trabaja tu Instrumento

- El canto comienza en la mente.

- El instrumento vocal está hecho de cuatro partes: Activador (respiración), vibrador (cuerdas vocales), resonador (tracto vocal) y articulador (lengua, mandíbula y los labios).

- No dejes que el tecnicismo y la terminología usada en este libro te intimide en tu habilidad de beneficiarte de sus ideas básicas.

¿Qué es Throga?

Capítulo II

Hace muchos años, yo trabajaba con una cantante y compositora llamada Sarah luchaba por mantener una voz constante durante sus actuaciones nocturnas en un casino de Las Vegas. Las alergias, el estrés y la recuperación de haber dejado de fumar recientemente, dieron como resultado un instrumento demasiado sensible y poco confiable. Fue en estas circunstancias que el término "throga" nació. Sarah necesitaba vocalizar de una manera consciente y cuidadosa, la cual era informalmente referida como "yoga para la garganta", para así poder obtener un mejor equilibrio mental y una mejor conducta física.

Desde una perspectiva científica, tanto el yoga como la vocalización crean posturas resonantes diseñadas a maximizar la energía con esfuerzos mínimo, conectando en forma consciente la mente (el cantante) con el cuerpo (el instrumento). La filosofía de Throga es una celebración a las cualidades vocales únicas dentro de cada uno de nosotros, mientras nos esforzamos para crear un saludable, fuerte y bien equilibrado instrumento de expresión propia. Es a través de este lente que Sarah, y otros cantantes alrededor del mundo, han logrado conseguir sus metas.

Las herramientas o técnicas de Throga, fueron desarrolladas para tomar ventaja de cómo las vías neurales en nuestro cerebro trabajan en la programación mental (forjando habilidades); primordialmente consistiendo en dos conceptos:

(1) *Las Pautas de Throga*: Reglas a seguir cuando se está explorando con ejercicios vocales en el "gimnasio vocal" diseñado para incrementar el conocimiento y el desarrollo eficaz.

(2) *Las 7 Dimensiones del Canto*: Un enfoque patentado que se se acerca con exactitud a cualquier aspecto de tu voz durante el entrenamiento vocal, usando algoritmos basados en fisiología vocal.

Estas herramientas educativas ayudarán a romper los complejos y misterios de tu voz, mientras que provean de un enfoque lógico para desarrollarlo, sin importar la experiencia, edad, estilo vocal o nivel de habilidad vocal. La razón por la que trabaja tan bien en forma universal es que Throga se centra en los cimientos de los comportamientos programados del vocalista, en vez de trabajar en los estilos de una canción. Verás, cada género muestra rasgos identificables. Cantantes clásicos usan una velocidad de vibrato escogida, dándole forma a las vocales y a sobretonos específicos. Cantantes de pop usan cualidades conversacionales como el uso del "fry vocal", tonos airosos o "impacto glotal". Cantantes de rock metal usan una fuerza estratégica de presión de aire y ubicación de tensiones para alterar y distorsionar tonos escogidos.

En el centro de estos géneros pueden estar los mismos instrumentos tocados con diferentes intenciones. Un violinista experto, por ejemplo, puede usar el mismo violín finamente elaborado para tocar como parte de un cuarteto de cuerdas en una casa de ópera alemana, o como parte de una banda regional en un bar de Nueva Orleans. Ciertamente, los rasgos relativos a cada estilo pueden requerir orientación o técnica adicional, pero cuanto mejor sean los cimientos, más fácil será construirlos sobre ellos.

El entrenamiento usado para crear un cimiento fuerte usualmente envuelve una variedad de ejercicios, muchos de los cuales también son impartidos en forma similar o igual por otros maestros de todas las metodologías. Lo mismo se puede decir de los entrenadores personales quienes recomiendan ejercicios físicos similares o hasta idénticos. Ellos tal vez le pidan a sus clientes que hagan un ejercicio para el abdomen para incrementar su fortaleza central, pero ¿qué tipo de ejercicio deberías TÚ de hacer? ¿Qué tan seguido? ¿Cuántos? ¿Qué tan rápidos? ¿Y en qué secuencia con otros ejercicios deberían hacerse?

Saber la respuesta a todos estos tipos de preguntas, basados en tu historial, habilidades actuales y metas, sin duda acelerarán tu progreso. Una vez que te familiarices con las herramientas de Throga, puedes esencialmente convertirte en tu propio entrenador personal y maestro. Pero cada entrenador y maestro requiere de un espacio para ejercitarse y extender su conocimiento, lo cual nos lleva al siguiente tema, el gimnasio vocal.

Gimnasio Vocal

Cuando un jugador de baloncesto va al gimnasio a ejercitarse, no está preocupado en cuanto tiempo le queda para hacer una última canasta, a quién pasarle el balón, donde está su oponente o cuánto la victoria de aquel partido afectará su carrera. Más bien, él se enfoca en un grupo específico de músculos en su cuerpo para ganar coordinación, fuerza y agilidad, lo cual le permitirán desempeñarse con más precisión y estamina en el campo de juego. Lo mismo se puede conseguir para los vocalistas al concentrarse en un grupo específico de músculos en el gimnasio vocal, para que ellos pueden responder con más precisión y estamina sobre el escenario.

Las buenas noticias son que, naciste con una membresía de por vida y con acceso de 24 horas al día a tu propio y personalizado gimnasio vocal. La mala noticia es que, nadie ha progresado con solo tener una membresía de un gimnasio. Tienes que poner el tiempo y el esfuerzo para usar todo el equipo. El entrenamiento apropiado y el conocimiento (lo que sería una buena posición al ejercitarse) es lo que permite a un corredor correr, a un bailarín bailar y a un cantante a cantar lo mejor posible.

Para crear una voz en buen equilibrio, necesitas desarrollar una gran variedad de expresiones tonales, destreza, dinámicas y libertad a través de tu *rango*. Para trabajar en esto, la vulnerabilidad es esencial para que te sientas en libertad durante el proceso de entrenamiento. Un espacio privado y tranquilo puede ayudar a bajar la guardia mental. De esa manera, no hay una tentación de forzar un ejercicio para sonar "mejor" si crees que alguien más pueda escucharte. Si este tipo de entorno no es fácil de conseguir para ti, recuerda que tu voz SIEMPRE está contigo. El dicho antiguo: "Donde hay voluntad, hay un camino", puede ser aplicado fácilmente aquí.

La vocalización se puede hacer en innumerables escenarios a lo largo de tu día. Sea que estés paseando al perro, en el baño, subiendo un ascensor, relajado en el sofá, haciendo desayuno, en un pasillo vacío del supermercado, llenando el auto con gasolina, duchando, caminando en pasillos escolares, camino al trabajo en tu auto, autobús, tren o avión, tu gimnasio vocal está a solo un pensamiento de distancia.

El punto es que puedes hacer tiempo para alcanzar tus metas en sólo unos pocos minutos aquí y allá, ellos pueden sumarse rápidamente y realmente hacer una diferencia a largo plazo. Mientras más tiempo de calidad pases en el gimnasio vocal, mejor, pero no trates de acelerar el proceso. Como cualquier otro entrenamiento físico, si haces los calentamientos muy rápido o empujas demasiado, puedes terminar con fatiga, reforzando comportamientos negativos y un lento desarrollo.

Cuando vocalizas, no pretendes probar la resistencia a la tensión de tu voz. Los músculos de la laringe son muy pequeños y sensibles, aunque muy resistentes y confiables cuando se tratan correctamente. La capacidad física y la resistencia de tu voz vendrán con el entrenamiento apropiado y con el tiempo.

POR ESO NO TE APRESURES.

En un capítulo más adelante, *No es el Destino, es el Diario de Viaje*, hablaremos en cómo crear un régimen vocal flexible que te ayude a maximizar tu progreso. Con la membresía de tu gimnasio vocal en orden, podemos ahora introducir las *Pautas de Throga* y las *7 Dimensiones del Canto*.

Pautas De Throga

La mayoría de los gimnasios y las técnicas de entrenamiento tienen reglas a seguir, y por una buena razón. Como cantantes, a menudo usamos un ejercicio para poder sonar lo mejor posible y lo más rápido posible. Eso podría ser como tratar de levantar unas enormes pesas sin haber tomado en cuenta los músculos relacionados y la coordinación para lograrlo. Desafortunadamente esta "solución rápida" para alcanzar una meta, requiere el sacrificio de una buena forma física y suele confundir a la programación física y mental que necesitamos para mejorar de forma continua. Ignorar señales de poco equilibrio, tensión o incluso incomodidad nos llevarán inevitablemente a resultados inconsistentes en el desempeño vocal.

Las *Pautas de Throga* cultivan la conciencia y ayudan a aislar sólo los grupos musculares necesarios dentro de un ejercicio asignado. Esto permitirá una experiencia vocal mucho más saludable y eficiente. Mientras estés explorando los ejercicios en los siguientes capítulos, asegúrate de regresar a repasar las pautas.

Para algunos ejercicios, podrás encontrar que será relativamente fácil de manejar en un intento. Para otras, te tomarán días, semanas o incluso meses para aplicar las pautas sin esfuerzo. Eso no quiere decir que estés haciendo algo malo. De hecho, es todo lo contrario.

Adquirir la capacidad de identificar desequilibrios vocales dentro de tu práctica significa que te has concentrado en los factores clave que te impiden alcanzar tu verdadero potencial. Estas son excelentes noticias, porque ahora sabrás en qué concentrarte para alcanzar tus metas. Mientras más pronto descubras estos desequilibrios y los aceptes, sin importar que tan mal suene al principio, más rápido comenzarás a notar cambios positivos en tu voz al cantar.

"Aprende las reglas como un profesional, para que puedas romperlas como un artista."

- Pablo Picasso (1881 - 1973)

Las siguientes pautas pueden ser aplicadas a cualquier ejercicio, pero solo en la mentalidad del gimnasio vocal. Esto quiere decir que cada una de ellas puede ser rota, si es que la inspiración se lo pide, cuando llegue el momento de cantar (NO en un ejercicio):

Mantener el Tempo: El tempo (s) o la duración deseada al inicio de un ejercicio debería mantenerse constante en todo el ejercicio.

Esta pauta no solo te ayudará a mejorar tu sentido completo de los tiempos musicales al cantar, también mejorará el control de la respiración al negar la tentación de subir la velocidad, algo muy común al usar más aire de lo necesario en el inicio de una frase.

Mantener el Volumen: El volumen deseado al inicio de un ejercicio debería mantenerse consistente en todo el ejercicio.

Cuando cantamos, muy a menudo y de una forma inconsciente subimos el volumen de nuestra voz para asegurar una nota aguda. Esta pauta te ayudará a desarrollar una valiosa independencia entre la afinación y el volumen, lo cual tendrá un gran impacto en tu habilidad dinámica para expresarte a ti mismo con una canción.

Mantener el Formante: Un formante (un sonido sostenido como una e, a, m, o trino de labios) debería de ser únicamente modificado si es la intención deliberada dentro de un ejercicio.

Similar al volumen, los formantes son a veces modificados accidentalmente en orden de hacer el canto más fácil en ciertas notas o tonos. Esto puede alejarte de tu libertad vocal al cantar y distraer al público cuando ellos tengan que esforzarse en entender la poesía que está siendo presentada.

Mantener un Tono Claro: Evita un sonido con demasiado aire o distorsionado a menos que sean deliberadamente usados en un ejercicio (por ejemplo al usar el fry vocal).

Un sonido aireado o distorsionado generalmente indica un desequilibrio en la presión de aire o exceso de tensión. También puede ser una señal de fatiga vocal, inflamación de las cuerdas o alguna otra patología. Dependiendo del género, sonidos extremos pueden ser usados al cantar una canción, pero es mejor no estilizar un ejercicio con un sonido que pueda disfrazar la condición real de tu voz.

Sin Músculos Externos: Evita movimientos faciales involuntarios o signos visibles de tensión en el cuello o el área del hombro.

Aprender a controlar tu voz, sin usar músculos adicionales que se metan tratando de ayudarte a controlar una nota o a respirar, te ayudará a tener más libertad en cómo embellecer tu tono vocal. Esta pauta también te ayudará a evitar expresiones faciales raras o no deseadas al hablar, cantar o actuar..

Minimizar el Vibrato: Evita agregar el vibrato a menos que sea una acción deliberada de un ejercicio.

El vibrato puede ser un recurso maravilloso en la entrega de una canción, pero al vocalizar, puede ocultar los desequilibrios que esperamos descubrir y mejorar. Está bien si aparece un poquito aquí y allá, especialmente hacia el final de un ejercicio. Sin embargo, haga un esfuerzo consciente para no realizar el ejercicio con vibrato en un intento de hacer que suene "mejor". Recuerde que cuanto más crudo sea un sonido, más honesto será trabajar con él.

Déjalo Ir: Mantener un ambiente libre de tensión tiene prioridad sobre las notas forzadas dentro de un ejercicio.

Dejar ir una nota, sin importar que tan malo sea el sonido, te permitirá temporalmente exponer una falta de coordinación. A diferencia de cantar una canción, mantener una buena forma en el gimnasio es más importante que sonar bien. Así que si una nota ocasionalmente desaparece, se rompe, salta o se distorsiona cuando hagas un ejercicio, no es problema.

7 Dimensiones del Canto

Las *7 Dimensiones del Canto* identifican cada dimensión de la voz, y más importante, nos ayudan a emparejarla con los ejercicios correctos. Puesto que vocalizar (crear sonidos y conductas intencionales) requiere de una increíble cadena de nervios, músculos, tejidos vivos y complejas partes en movimiento, saber a qué ejercicio debes de darle el tiempo es esencial para crear equilibrio y descubrir tu verdadero potencial vocal. Aunque no todos pueden ser iguales en un ejercicio dado, ninguna dimensión es más o menos importante que otra. Ellas son:

1 **Flexibilidad**: La elasticidad de tus cuerdas vocales
2 **Respiración**: La administración del aire
3 **Entonación**: Control de las notas
4 **Rango**: Equilibrio vocal de la nota más grave a las más aguda
5 **Tono**: La calidad del sonido
6 **Articulación**: La dicción
7 **Fortaleza**: La estabilidad y estamina de la voz

En las gráficas para la descripción de cada dimensión, se usarán como referencia, las iniciales de las dimensiones en inglés, F: Flexibility (flexibilidad), B: Breathing (respiración), I: Intonation (entonación), R: Range (rango), T: Tone (tono), A: Articulation (articulación), S: Strength (fortaleza).

Cuando nos referimos a una dimensión de la voz, nos estamos refiriendo a un grupo específico de músculos o región, que podemos aprender a coordinar con más eficiencia. Sin embargo, ya que ningún músculo de nuestro cuerpo actúa solo, los músculos que usamos de referencia para describir las acciones de cada dimensión en los siguientes capítulos serán dominantes, pero no exclusivos. Por ejemplo, los músculos de los bíceps en tu brazo pueden ser usados para levantar y sostener un galón de agua, pero ellos requieren de una relación antagonista con un sin número de otros músculos para estabilizar el brazo y la postura del cuerpo en el proceso. De la misma manera que puedes aislar áreas de tu cuerpo al levantar pesas o ejercitarse en el gimnasio, los ejercicios vocales también tendrán como objetivo áreas en tu voz.

Resumen de ¿Qué es Throga?

- El término Throga se origina de yoga de la garganta.

- Las técnicas de Throga son seguras de aplicar a cualquier edad, estilo musical y a cualquier nivel.

- Throga está diseñado a construir los cimientos de un cantante y mejorar sus comportamientos vocales, y no el estilo o la entrega vocal.

- El gimnasio vocal es un estado de la mente al que se puede acceder a cualquier hora (un lugar alejado de la gente es el mejor).

- Las *Pautas de Throga* asisten con buena forma al entrenar, lo cual es más importante en vez de buscar un sonido placentero en la voz.

- Las *7 Dimensiones del Canto* permitirán explorar tu voz y tener objetivos específicos con cada ejercicio.

- Tener equilibrio en tu voz es la clave para cantar como quieres.

- No existen atajos para el cambio REAL.

Flexibilidad: 1ra Dimensión
Capítulo III

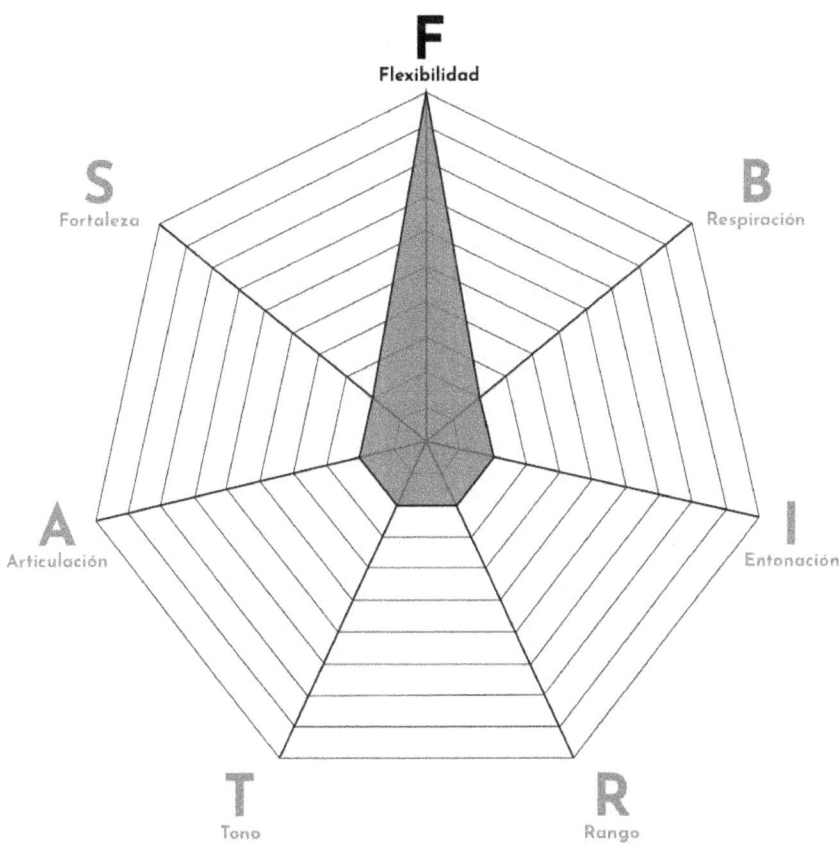

Flexibilidad: La elasticidad de las cuerdas vocales

7 Dimensiones del Canto

¿Alguna vez has tenido que correr tan rápido como pudiste ? ¿O tal vez tan lejos como pudiste en una maratón? Si así fue, seguramente descubriste muy rápido lo importante que es estirar los músculos de las piernas antes de la acción. Sin importar lo mucho que tus músculos parezcan pedirte que lo hagas después.

Relajarse y soltarse de toda tensión antes de cualquier actividad física como atletismo, ciclismo o natación, te hace sentir mejor y casi siempre te lleva a mejores resultados. Cantar no es una excepción, es por esto que *flexibilidad* es la primera de las siete dimensiones y la ideal para comenzar con tus calentamientos.

Cuando cantas, los músculos en todo tu cuerpo necesitan ejecutar tus intenciones y emociones musicales de un momento a otro. Mientras menos tensión y sensibles sean todos, mejor. Sin embargo, cuando nos referimos a *flexibilidad* dentro del contexto de las *7 Dimensiones del Canto*, estamos hablando específicamente sobre la elasticidad de las cuerdas vocales.

Las cuerdas vocales, como debes de recordar en "*Cómo Trabaja tu Instrumento*", son aquellas que vibran para crear el sonido cuando hablas o cantas. Si las cuerdas están apretadas, tensas o inflamadas por cualquier razón, tu habilidad de generar un sonido consistente y controlado se limita. Particularmente en las notas agudas, las cuales requieren de una vibración más rápida que las notas graves. La elasticidad general de los pliegues vocales se basa en el desacoplamiento de los músculos tiroaritenoideos ubicados dentro de tu laringe, junto a la agilidad de todas las cinco capas de las cuerdas vocales.

> NOTA: Consumir suficiente agua es crucial para mantener una voz saludable. Estar muy bien hidratado mantendrá tus cuerdas vocales lubricadas, lo cual ayudará en reducir la fricción y la fatiga.

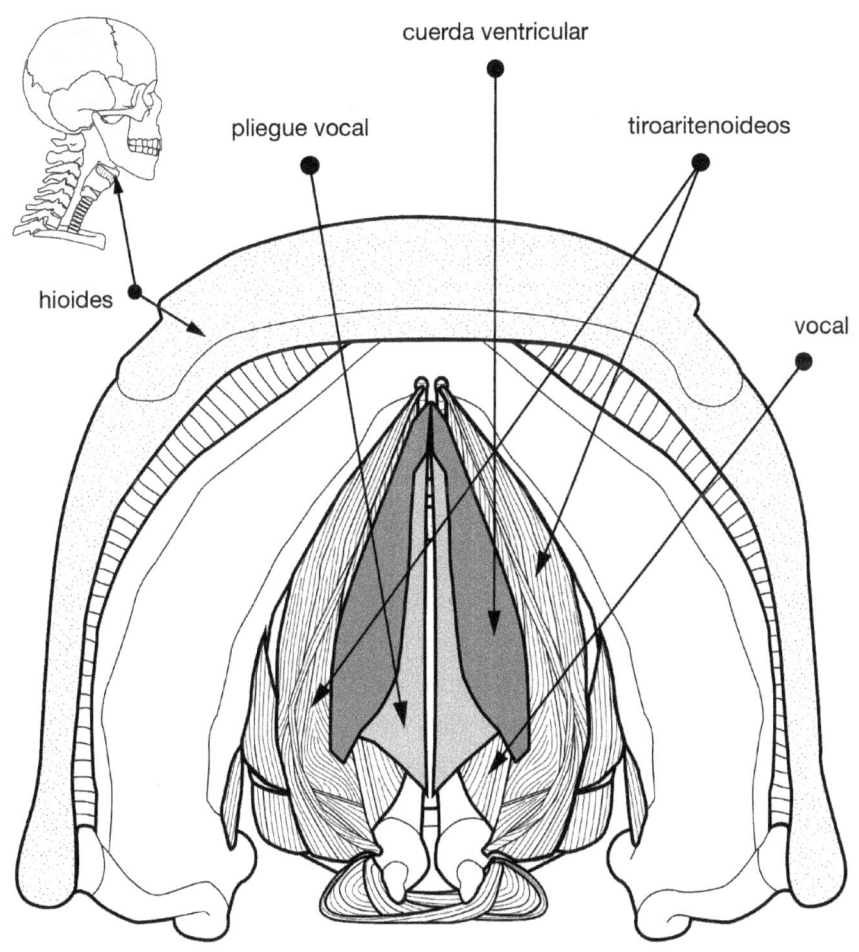

vista superior de la laringe

La capa más interna de las cuerdas vocales es una extensión del músculo tiroaritenoideo conocidos como el vocal, el cual ayuda a afirmar y posicionar el grosor y la longitud de las cuerdas vocales. Las tres capas medias vibradoras (la capa profunda, la capa intermedia y la capa superficial) son colectivamente conocidas como de la lámina propia capa, o en algunos casos con las siglas LP. La capa superficial tiene una alta afinidad al agua (convertidos en ácido hialurónico) el cual es necesitado para vibrar y poder crear sonido libremente. La quinta capa de las cuerdas vocales, es el epitelio, el cual tiene el grosor equivalente al de un par de células en línea. Es el mismo tipo de superficie que la parte interior de tu mejilla, la cual ayuda a proteger contra la fricción. Mientras más relajadas y saludables estén tus cuerdas vocales, más fácil será el poder generar sonido y las notas que deseas cantar, especialmente cuando estás bajo presión o estrés.

Además, la laringe consiste de un segundo par de cuerdas vocales llamadas pliegues ventriculares. Estas cuerdas vocales "falsas" están ubicadas un poco más arriba de las cuerdas vocales "verdaderas" y pueden ayudar en la creación de texturas tonales que se usan muy a menudo en rock y estilos agresivos del canto (aunque ésta no es su función principal).

Hace muchos años, un joven llamado Jack llegaba a una presentación muy importante en su carrera: Un concierto con todos los boletos vendidos en el Radio City Music Hall en la ciudad de Nueva York. No solo tenía "la casa llena", había sido la venta más rápida de boletos de aquel lugar en sus más de 80 años de historia. Los ejecutivos de las disqueras y los publicistas estaban presentes, además ganadores de concursos, amigos cercanos y familiares. Todos inundaban los oscuros pasillos entre la puerta al escenario y los camerinos esperando en fila para hablar con Jack antes del espectáculo.

A pesar de los calentamientos básicos que Jack había hecho al despertar, las tempranas entrevistas de televisión, falta acumulada de sueño y hablar sin cesar en el transcurso del día estaban cobrando factura en su voz. Ahora, a solo cuarenta y cinco minutos del show, era obvio, al solo hablar, que las cuerdas vocales de Jack estaban inflamadas por la fricción y la fatiga. Ahora su voz inusualmente aireada con unas pérdidas ocasionales del sonido cuando hablaba, era fácil de notar. Dado que un período prolongado de descanso vocal no era una opción, ¿qué debería hacer Jack?

Dependiendo del día, puedes descubrir que solo necesitas calentar por unos minutos para obtener la respuesta vocal que estás buscando. En otras ocasiones puede que tengas que concentrarte en muchos ejercicios de *flexibilidad* por muchas horas. Esto es más común si estás lidiando con un resfriado o alergias, o tal vez recuperándote de una noche de haber hablado en voz alta por encima de música o haber alentado a tu equipo favorito. Y por supuesto, si eres un profesional que viaja a menudo y que tiene que constantemente adaptarse a nuevos ambientes, al igual que nuestro amigo Jack que seguía esperando nerviosamente en su camerino y que ahora se había convertido en su "Radio City Gimnasio Vocal".

En el escenario de Jack, es una buena idea hacer ejercicios vocales que tengan cualidades rejuvenecedoras antes de saltar a una rutina con un calentamiento normal. El objetivo principal es el de permitir a las cuerdas que vibren con más libertad, lo cual podemos lograr al enfocarnos en la dimensión de *flexibilidad*. Para intentar los mismos ejercicios que Jack hizo, lee la descripción del *Ejercicio de Flexibilidad* y escucha el ejemplo en los archivos de audio de la sección 🔊 **Multimedia del Libro 7DS** (Página web de Throga o la aplicación móvil) Cuando vocalices con el "archivo de audio de práctica", asegúrate de adaptar tu voz a la octava (aguda o grave) que se sienta más fácil y libre de toda tensión.

Ejercicio de Flexibilidad
("Mi" descendiendo en un glissando hasta un fry vocal)

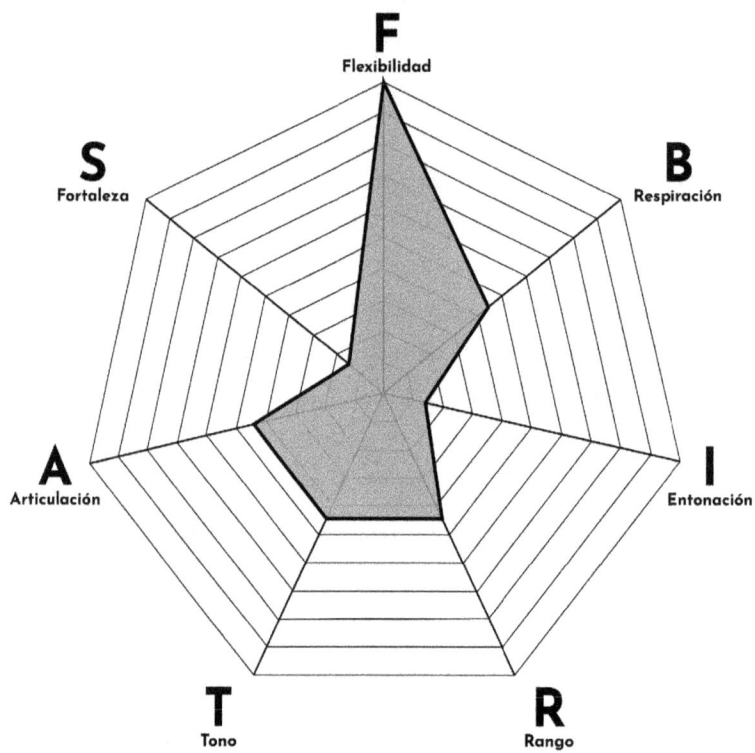

La gráfica 7DS arriba muestra el grado relativo en el cual cada una de las siete dimensiones están siendo buscadas por el ejercicio. Como puedes ver, el ejercicio en este capítulo está apuntando claramente a la dimensión de la flexibilidad. Muchos ejercicios que se usan para calentar mostrarán un alto grado de flexibilidad, pero también pueden apuntar a otras dimensiones, tales como entonación o rango. Todo depende en cómo el ejercicio es construido. Más adelante, exploraremos en cómo puedes modificar éste y cualquier otro ejercicio para trabajar en las dimensiones que desees mejorar.

Toma una pequeña inhalación por tu nariz, como si olieras una flor y comienza con un sonido bajo usando la "M" en una nota cómoda y aguda en tu registro de cabeza o falsete (Explicado con detalle en el Capítulo VI, *Rango: 4ta Dimensión*). Usar un registro agudo, requiere que las cuerdas vocales se hagan más delgadas, y el sonido de la "M" pone la boca y los labios en una posición cerrada, creando presión en contra del flujo de aire. De esta forma, las cuerdas vocales no tienen que recibir tanta presión de aire, lo cual hace más fácil para ellas el poder estirarse. También puedes llevar la punta de tu lengua hacia adelante, tocando suavemente tu labio inferior, esto ayudará a que la lengua no se vaya hacia adentro en un intento de "ayudar" con el control de aire, mientras navegas por tu *rango*.

Siguiente, cuando te des cuenta que la "M" es un sonido claro e identificable, ábrela a una formante "i" y desliza la nota lo más bajo que te sea posible, moviéndote a través de cualquier registro disponible. La acción de deslice desde una nota a otra, es un tipo de patrón conocido como "glissando", y debería sonar similar a una sirena. La forma de la "i" permite que la condición de las cuerdas vocales se escuche en forma un poco más clara, aún ofreciendo un poco de resistencia al aire.

Finalmente, al final de la nota descendiente, agrega un sonido grave y perezoso que es conocido como el "fry vocal". El fry vocal es una textura en el tono que haces al recién despertar, o que usas como una opción estilística para hacer una letra mucho más conversacional (Algo que no se aplica en el canto clásico). Este sonido es el resultado de las cuerdas vocales vibrando de una manera irregular y es fácil de hacer en notas graves usando menos aire. Aunque pueda sonar extraño, este poquísimo aire puede ser usado para que las cuerdas vocales vibren suavemente y al mismo tiempo le den un masaje a las mismas. Ya que el ejercicio completo solo dura unos segundos con cada respiro, puedes descansar y repetirlo muchas veces en el mismo *rango* de notas (Con algunas variaciones), y no olvides de aplicar las *Pautas de Throga*.

De vuelta al escenario, la voz de Jack estaba respondiendo mucho mejor a las notas que necesitaba para poder cantar su set de canciones después de pasar tiempo con este ejercicio. Esto mostró que las cuerdas vocales habían ganado elasticidad o que la inflamación se había reducido potencialmente y que él estaba listo para pasar al calentamiento. Gradualmente, Jack logró avanzar a volúmenes más altos y vocales más abiertas, antes de que llegaran los golpes a la puerta de su camerino.

El espectáculo tenía que comenzar.

Flexibilidad es un paso vital en tu habilidad para cantar bien y cantar a menudo, pero el solo estiramiento no será realmente lo que te hará un mejor cantante. Por ejemplo, imagina que quisieras aprender un nuevo paso de baile, como el "Moonwalk" de Michael Jackson, si solo relajaras tus músculos estirando tus pies y piernas, sin practicar la coordinación actual y la precisión de los músculos relacionados, no podrías, de forma repentina hacer el paso de baile ¡Aunque sin duda tendrías menos riesgo de lastimarte en el proceso!

Ahora que ya hemos calentado un poco, vamos a explorar la siguiente dimensión para que podamos desarrollar y mejorar en la coordinación y la eficiencia de cómo respiramos.

Resumen de Flexibilidad

- *Flexibilidad* se refiere a la elasticidad de las cuerdas vocales.

- Los calentamientos deberían siempre comenzar con la dimensión de *flexibilidad* en mente.

- Tus cuerdas vocales deben ser hidratadas en el transcurso del día para que puedan estar flexibles y relajadas. Si esperas a que tu garganta se sienta seca, puede ser muy tarde.

- Dentro de la laringe, las cuerdas vocales consisten de cinco capas, las cuales son usadas para vibrar y crear sonido.

- Cuando se esté entrenando, hay que concentrarse en un volumen bajo, formantes cerrados y patrones rápidos para poder trabajar en *flexibilidad*.

- La reacción vocal que obtengas te ayudará a acceder al nivel de canto que actualmente tienes.

- Aparte del reposo vocal, *flexibilidad* debería ser usada en largos periodos de tiempo cuando se está tratando con fatiga, resfriados o alergias.

7 Dimensiones del Canto

La Técnica Throga

Respiración: 2da Dimensión

Capítulo IV

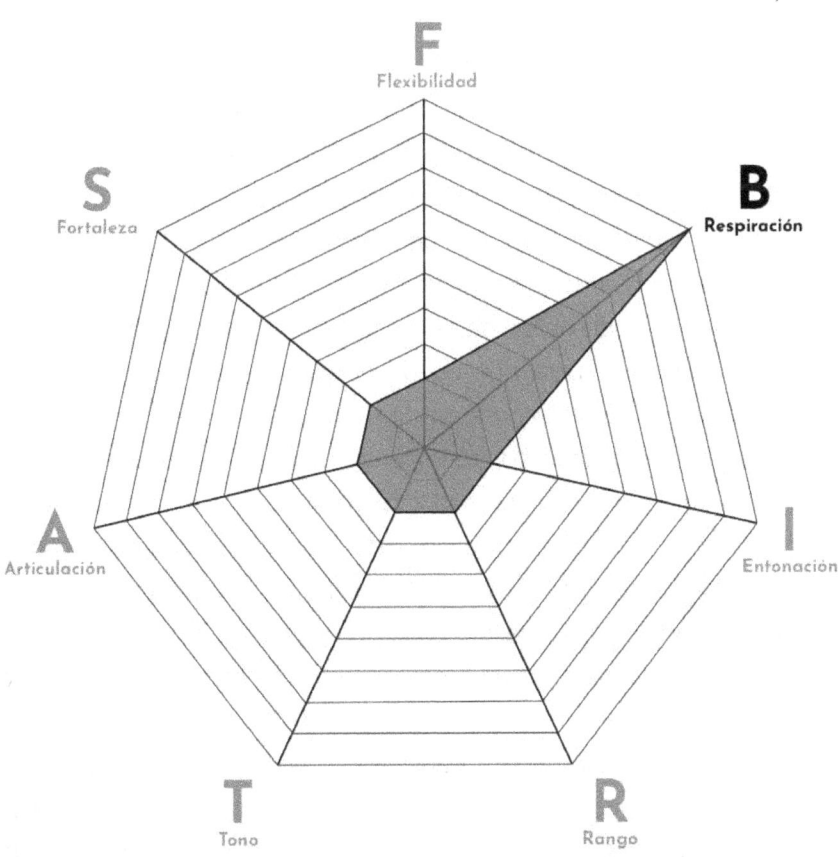

Respiración: Administración del aire

Podemos pasar semanas sin consumir comida, incluso hasta unos siete días sin agua, sin embargo, solo minutos sin oxígeno. Esto deja en claro qué tan esencial es la *respiración* y el oxígeno para que podamos vivir. Nuestros cuerpos le dan prioridad a la necesidad de oxígeno por sobre nuestro amor al canto, así que es mejor entender y trabajar con los patrones naturales y comportamientos del cuerpo cuando se respire.

Científicamente, la *respiración* es el proceso de tomar aire hacia los pulmones, absorbiendo el oxígeno disponible y luego dejando salir el dióxido de carbono de regreso al aire. Los pulmones se pueden visualizar como dos enormes esponjas, con un tejido hecho de cientos de millones de pequeñas bolsas de aire en forma de globos llamados alvéolos. Los alvéolos son responsables de esta absorción de oxígeno hacia la corriente sanguínea, para que pueda distribuirse por todo el cuerpo. Dióxido de carbono es luego liberado de regreso a nuestros pulmones siguiendo el mismo proceso, como un remanente del uso de oxígeno. Sin embargo, la relación de producir sonido se encuentra en nuestra habilidad de coordinar los músculos responsables de la administración de la presión de aire, dentro de nuestro instrumento. Esta administración puede ser dividida en dos pasos, inhalación y exhalación.

Así como aprendimos en *Cómo Trabaja tu Instrumento*, cuando los músculos de la inhalación alrededor de nuestros pulmones se contraen, crean un vacío, causando que aire (constituido de aproximadamente 20% de oxígeno) pase por nuestra laringe hacia nuestros pulmones. Para crear ese vacío, el diafragma, un músculo de gran tamaño y en forma de domo, se contrae y se inclina hacia abajo. Está ubicado directamente bajo nuestros pulmones, dividiendo nuestra cavidad torácica (pecho) de nuestra cavidad abdominal. Esta acción mueve nuestros órganos internos, causando que la región de nuestro estómago se extienda hacia afuera, permitiendo así que haya más espacio para que los pulmones crezcan y se inflen.

La Técnica Throga

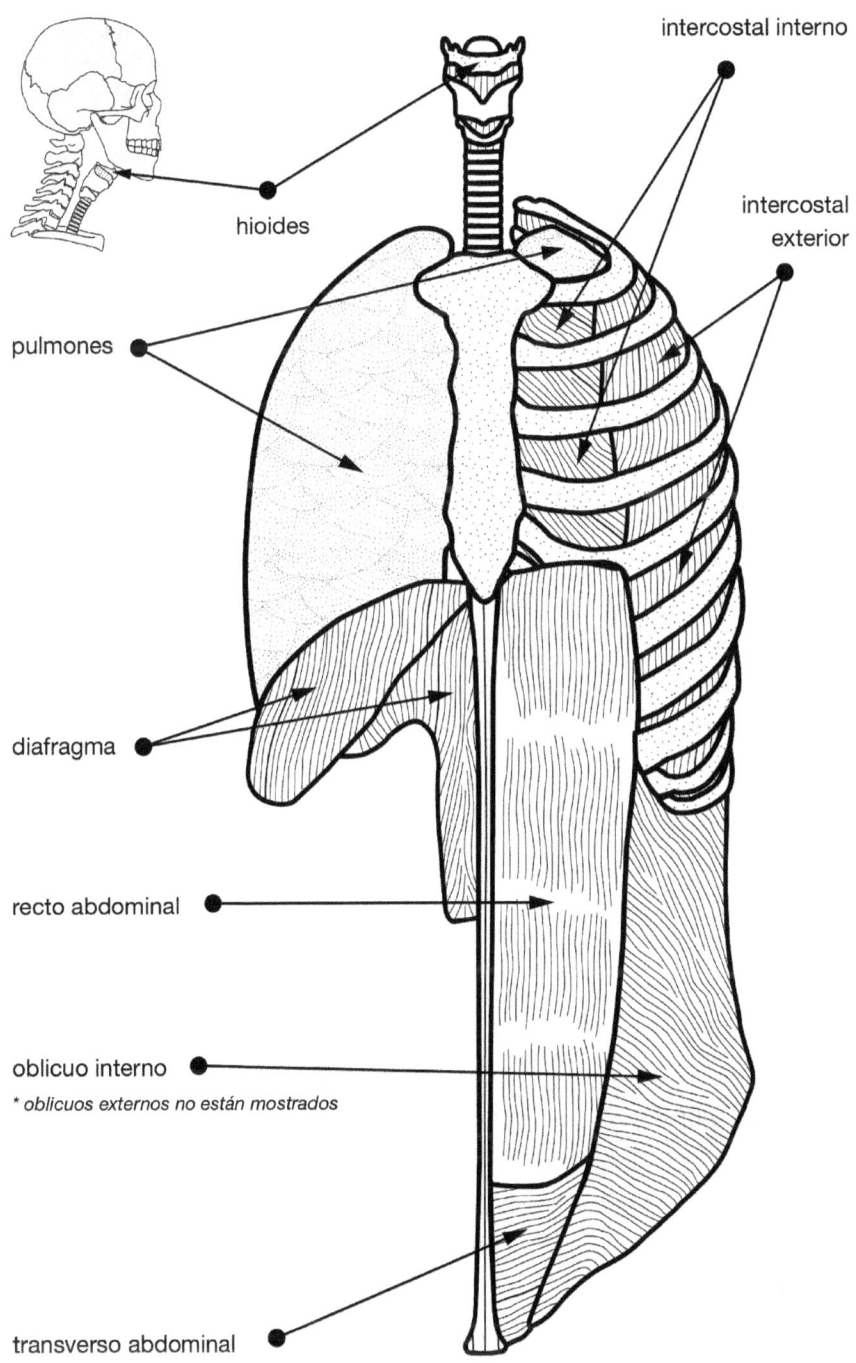

Aprovechar al máximo la función del diafragma se denomina comúnmente "respiración diafragmática". Esto es algo fácilmente visible cuando tu cuerpo está en completo reposo, a punto de dormir o cuando ves a algún niño respirar al estar acostado sobre su espalda.

Otro grupo importante de músculos usados para la inhalación son los músculos intercostales externos, los cuales se envuelven alrededor de los pulmones y entre la caja torácica. Cuando estos músculos se contraen por sí mismos, se lo denomina como "*respiración* de pecho", porque todo lo que puedes ver es la caja torácica moverse hacia arriba y los costados a medida que jalan los lados de los pulmones. Cantar dependiendo netamente de estos músculos generalmente es un resultado de conducta que proviene de una mala postura y de estar demasiado preocupado por cómo nos vemos ("escondiendo" el abdomen constantemente) o sonamos (tensión abdominal basada en el miedo). Esto te pondrá en una búsqueda negativa de más aire e interrumpirá el flujo de una canción.

La realidad es que, raras veces necesitamos el aire que creemos que vamos a usar en el verso de una canción. Pero no utilizar el diafragma crea dos problemas. Primero, es muy difícil de coordinar solo los músculos alrededor de nuestras costillas para una *respiración* eficiente. Segundo, los músculos intercostales solo pueden proveernos con una aproximada capacidad pulmonar de 30%. El diafragma, por otro lado, es responsable de 60%.

¡Sesenta por ciento!

Lo que se convierte en un sacrificio masivo si tu cuerpo se tensa o responde a una mala conducta vocal cuando está tratando de cantar. Si te estás preguntando dónde queda el 10% que falta, puede conseguirse si estiras la parte superior de los pulmones, lo cual termina levantando tus hombros. Sin embargo, este porcentaje no vale la pena por la tensión muscular extra que se puede crear en la zona del cuello, ya que esto tiende a ser un impedimento para tu libertad vocal.

Entonces ¿por qué estamos hablando tanto del proceso de inhalación en vez de el de exhalación, ya que es lo que usamos? Porque la calidad de la inhalación directamente afecta la calidad de tu exhalación. En orden de liberar aire a nuestros pulmones, los músculos de inhalación tienen que soltarse, permitiendo que los pulmones se desinflen. Los músculos de la exhalación entonces, son usados como una asistencia para controlar una equilibrada o intencional cantidad de presión de aire debajo de las cuerdas vocales también conocido como presión subglótica. Además, estos músculos pueden apretar los pulmones más allá del nivel de descanso del cuerpo para asistir una acción de retroceso que se puede usar en el siguiente respiro, además de estratégicamente incrementar la presión subglótica para activar los deseados sonidos vocales u otras tonalidades. Aunque esto no debería hacerse a menudo y con una aproximación mínima, relativa al estilo y género, para evitar tensión y fatiga.

Los músculos de exhalación incluyen los músculos abdominales (oblicuos internos y externos, transverso abdominal y recto abdominal) y los músculos intercostales internos, los cuales también están situados en nuestra caja torácica. Dado al tamaño y fuerza única de estos músculos colectivos, es entendible que el mínimo ajuste o contracción pueda ser demasiado para los pequeñísimos músculos de la laringe. Para cantar la nota que queremos con exactitud, al volumen que queremos, con la vocal que queremos y con el *tono* que queremos, todos dependeremos de nuestra habilidad de controlar bien nuestro flujo de aire.

Aunque tengamos dificultad trabajando con esta coordinación de vez en cuando, algunos cantantes aprecian la necesidad de tener un eficiente control de aire en un nivel más profundo. Briana es una de esas personas. Con tan solo 10 años de edad, Brianna vive con una enfermedad complicada y mortal conocida como fibrosis quística. Normalmente, nuestros pulmones producen una capa delgada de mucosidad que ayuda a proteger los pasajes de aire de bacterias que pueden causar infecciones. Para aquellos con fibrosis quística, una condición genética que afecta primordialmente a los pulmones, el cuerpo produce un mucosidad grueso y pegajoso . Este mucosidad espesa se acumula en las vías respiratorias , convirtiéndose en una fuente de infecciones e inflamación, causando con frecuencia daño severo, cicatrices y mala función pulmonar, durante un período de tiempo.

Puedes experimentar una sensación similar a la inhabilidad de intercambiar oxígeno durante un ataque de asma o cuando se está enfrentando a un resfriado que trae una severa congestión en la zona del pecho. Además de la irritación vocal constante causada por tener que aclarar tu garganta, te quedas con una sensación de no poder obtener suficiente aire, aún cuando estás claramente extendiendo tus pulmones. Aquellos millones de pequeños alvéolos no pueden brotar con facilidad, lo cual burla al cerebro en creer que el cuerpo necesita tomar otro respiro. Para un vocalista, esto no sólo limitaría el canto en un verso, haría muy difícil la administración de aire necesario para hacer que las cuerdas vocales vibren con precisión.

A pesar de ese obstáculo, Brianna desafía todas las expectativas de su enfermedad con una increíble muestra de *fortaleza*, *rango* y habilidad vocal. Esto se hizo evidente en el estadio MetLife, cuando su interpretación del himno nacional de los Estados Unidos fue recibida por miles de personas que la vitorearon durante una transmisión en vivo de la temporada de fútbol americano.

¿Cómo lo hizo?

Con certeza, su valentía jugó un rol muy importante en su exitosa presentación, pero es su habilidad de administrar cualquier cantidad de aire disponible en el momento que su cuerpo le permite hacer todo esto, lo que marca la diferencia. Y es esa eficiencia y destreza de la que todos podemos beneficiarnos. Los ejercicios de *respiración* que nos ayudan a conseguir esto, nos desafiarán a administrar el aire mientras fonamos (vibración de las cuerdas vocales), en vez de solo concentrarse en el aire por sí solo. Un tresillo rápido de "Ji" en una nota única, es uno de esos ejercicios.

Ejercicio de Respiración
(Tresillo rápido "Ji" en una nota única)

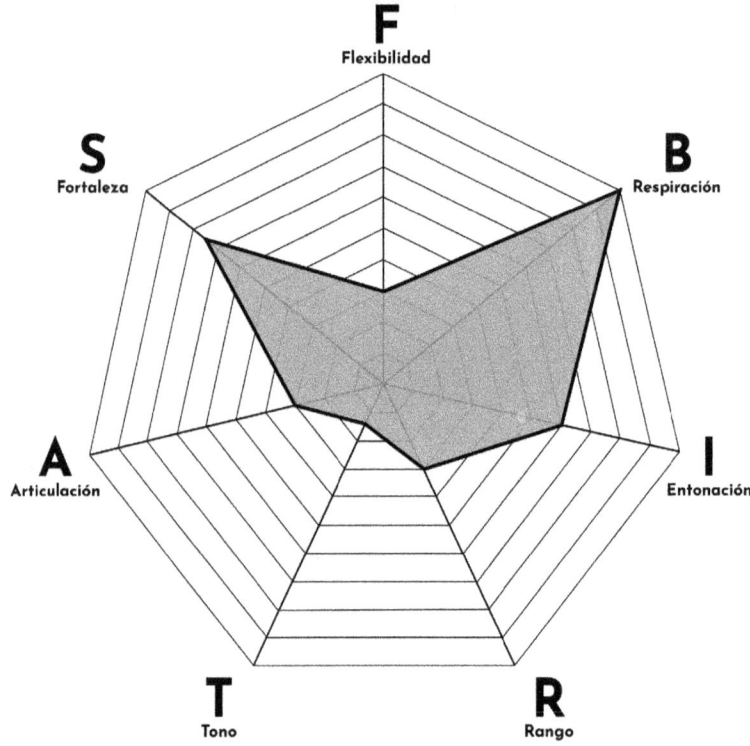

Cuando produces el sonido de "Ji", tus cuerdas vocales están posicionadas levemente apartadas una de la otra, sin embargo, lo suficientemente cerca para resistir el flujo de aire que pasa entre ellas. El uso de la "J" en un ejercicio que ha sido muy popular en el entrenamiento vocal por siglos debido a la posición única de las cuerdas con ese sonido. En el contexto correcto, puede ayudar a tratar muchas dimensiones de canto al mismo tiempo, principalmente la *respiración*, *entonación* y *fortaleza*.

Exploremos esto repitiendo un "Ji" lo más rápido que puedas en un volumen bajo. Cuando lo hagas, sé consciente de que tus músculos abdominales no deben pulsar o temblar para crear este sonido. Ya que hay músculos más pequeños que se mueven más rápidos que los grandes, la rápida repetición de las cuerdas moviéndose de la "J" a la "i" y luego a la "J" de nuevo, te ayudarán a aislar los pequeños músculos intrínsecos de la laringe. Dichos músculos son responsables de la tensión de las cuerdas vocales y su aproximación (su posición de acercarse). Sin embargo, ellos no podrán hacer su trabajo si el manejo de aire no está equilibrado. En otras palabras, si estás en equilibrio con tus músculos y cuerpo en sí, la *respiración* llegará de manera natural.

> *NOTA:* Al vocalizar, intenta respirar por tu nariz cuando sea posible, esto ayudará a prepararte a un proceso natural y relajado.

Como escucharás en el audio de *Ejercicio de Respiración* (🔊) **Multimedia del Libro 7DS**), un tresillo rápido es un patrón usado en notas únicas. Dicho patrón hará más fácil que te concentres en un grupo de "Ji" con cada intento. La meta es hacer cada "J" no solo un sonido definido, pero también consistente en calidad, volumen y duración. De esta forma, tu sabrás si estás usando el aire de manera equitativa desde el inicio hasta el fin de cada respiro. Por ejemplo, si te das cuenta de que la primera "J" es muy alta en volumen o más larga que la última "J", el aire no fue administrado tan eficiente como debió serlo. También, asegúrate de buscar un *tono* claro y un volumen uniforme una vez que ya estés con la "i".

Si en cualquier momento la "J" suena diferente, o hay un susurro que se sobrepone al sonido de la "i", eso indica un desequilibrio en la coordinación. Si asumimos que hiciste los calentamientos, estás muy bien hidratado y en buena salud, el desequilibrio ocurrió posiblemente por una de dos razones: gastaste demasiado tu aire o tuviste problemas coordinando los pequeños músculos que están a cargo de aproximar a las cuerdas vocales. De cualquier forma, este puede ser un ejercicio muy valioso para aquellos que tienen una tendencia de quedarse sin aire o que se fatigan fácilmente.

Si encuentras que este ejercicio te cansa, es muy posible que sin darte cuenta estás "estresando" de más, tu instrumento, debido a que el ejercicio es una nueva experiencia. El cuerpo hace lo mismo la primera vez que aprendemos a atar los cordones de nuestros zapatos o comer con palillos chinos. Apretamos muy fuerte o con mucha tensión, haciendo más difícil que usemos movimientos más sutiles y libres de esfuerzo.

Cuando esto pasa, simplemente detén el ejercicio, toma un poco de agua y explora un ejercicio de *flexibilidad* para relajarte por un momento antes de regresar. Además también puedes reemplazar la "J" con una "S" dentro del ejercicio. Ambas "J" y "S" en el contexto de un ejercicio, son "distintivos". Un distintivo se define como una alteración distinguible de un formante o patrón tonal. En el caso de una "S", la posición de la lengua ayudará regulando la cantidad de aire que está siendo usado y aliviando parte de la presión subglótica que lleva a cada "i".

Esta modificación puede ser vista también como el ayudar a un niño a mantenerse erguido en la bicicleta cuando se le quitan las pequeñas ruedas de entrenamiento. Cuando él está listo, sueltas de su asiento en movimiento, para que él intente equilibrar la bicicleta por sí solo. Siguiendo esta analogía, pueden comenzar con un "Si" cuando estás recién comenzando o reintentando el ejercicio, y cuando te sientas listo, libera la lengua al "Ji" para intentar equilibrar ese sonido con cada nota nueva.

Hay muchas formas de enfrentar y desafiar esta dimensión. Veremos todas esas posibilidades más adelante. Mientras tanto, puede ser un poco abrumador con todo lo que ya tienes que memorizar mientras vocalizas. Respirá profundamente y tómate tu tiempo para establecer un alto grado de control de respiración . Será lo que al final te ayude en desarrollar un excelente cimiento para todas las demás dimensiones que vienen.

Resumen de Respiración

- Buen control de *respiración* hace más fácil el equilibrio con otras dimensiones.

- La *respiración* puede ser dividida en dos procesos: La inhalación y la exhalación.

- En el canto, la *respiración* se refiere al control de presión de aire dentro del instrumento vocal.

- La necesidad de tu cuerpo por el oxígeno sobrepasa a la del deseo de cantar.

- La *respiración* diafragmática permite usar más capacidad pulmonar y más control.

- La calidad de tu inhalación afecta directamente la calidad de tu exhalación.

- Es mejor hacer ejercicios que incluyan la vibración de las cuerdas vocales, en vez de solo trabajar en la administración del aire por sí solo.

Entonación: 3ra Dimensión
Capítulo V

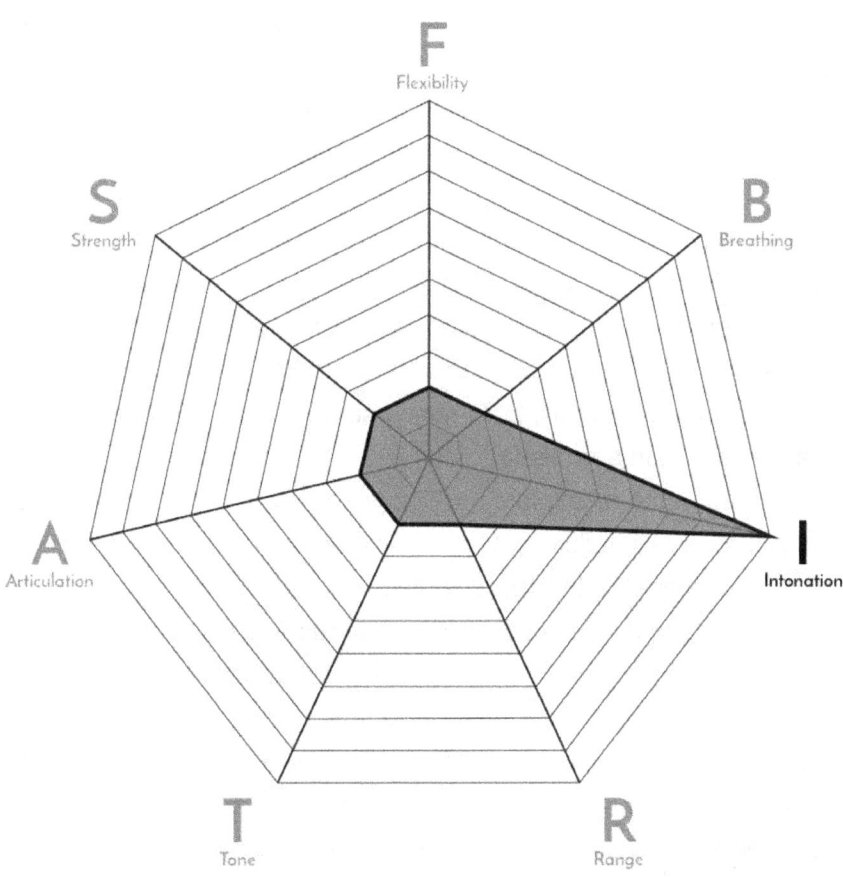

Entonación: Control de la afinación de notas

En un fin de semana, todos hemos pateado una pelota sea de forma competitiva o por diversión. El césped está recién cortado , tu hermano mayor o mejor amigo se aleja de donde te encuentras y en tu mente, puedes ver el balón en cámara lenta, subir por el aire, pasar sobre el tendedero de ropa y caer perfectamente a sus pies. Así que apuntas con cuidado, te preparas con gran concentración y le das una gran patada al balón, solo para ver como se aleja y termina sobre la cerca del vecino y encima de sus arbustos espinosos.

La mayoría de nosotros también, hemos compartido una experiencia similar cuando cantamos; forzamos demasiado aire con mucha tensión en un esfuerzo de "tocar" las notas de una canción. En algunas ocasiones tal vez podamos lograrlo y hasta cantar todas las notas que deseamos, pero nunca será consistente sin práctica y una coordinación apropiada.

Naturalmente, si exploras tu voz por ti mismo en un periodo de tiempo, tus habilidades mejorarán, al menos hasta cierto punto. Lo mismo se puede decir para cualquier otra actividad física, como el fútbol al jugarlo los fines de semana con tus amigos y familiares. Sin embargo, los jugadores profesionales de fútbol pueden mover y controlar el balón en cuestión de posición, tiempo y velocidad y bajo diferentes condiciones. Sea solo un pase corto o para enviarla hasta el otro lado del campo, la finura y dominio que se requiere sobre el balón en el contexto de un juego, es muy parecido al control en la afinación de una nota, en el contexto de una melodía.

Entonación, la tercera dimensión, se refiere a nuestra habilidad de igualar los tonos a una escala o melodía. Un *tono* o nota musical, es una descripción definida a una frecuencia específica. Cuando un objeto vibra a una velocidad constante, crea una onda de sonido que se puede medir y debería ser relativamente fácil de identificar. Por ejemplo, cuando el martillo de un piano golpea la cuerda central de un piano afinado, la cuerda vibra a 261.62 periodos (veces) por segundo, a la cual denominamos como "Do4". Cuando reproduces la misma frecuencia con tu voz vibrando las capas externas de tus cuerdas vocales a la misma velocidad se dice que estas cantando "en tono" con el piano. Examinemos un poco más cómo somos capaces de llegar a velocidades tan precisas de vibración dentro de nuestro instrumento.

Tus cuerdas vocales, que son solo de la mitad del tamaño que tus párpados, se mantienen justo detrás de una protuberancia delante de tu garganta (el cartílago tiroides) y cuando se relajan, se abren en forma de V hacia la parte posterior de la laringe. Para crear una frecuencia (una nota) deseada, las cuerdas deben de juntar y estirarse horizontalmente en contra del flujo de aire para crear tensión, muy similar a como las cuerdas de un piano o una guitarra están estiradas y en tensión cuando son afinadas. Los músculos dominantes y responsables para crear esta tensión son los cricotiroideos. Ellos inclinan el cartílago tiroides hacia adelante, causando que las cuerdas vocales se estiren en una acción antagónica con otro set de músculos, los tiroaritenoideos, los cuales se contraen con una fuerza opuesta, acortando o relajando las cuerdas vocales.

Dado que estos músculos son muy pequeños, te puedes imaginar el poco esfuerzo que se necesita para crear un significante impacto en la afinación de tu voz. Aquellos cantantes que pueden saltar de una nota a otra (intervalos) en forma consistente, en cualquier registro vocal, tiene excelentes habilidades de *entonación*. Es lo mismo que un jugador de fútbol con un excelente movimiento de piernas, al navegar sin problemas a través de sus oponentes para poder anotar el gol, como si la jugada hubiera sido ensayada miles de veces. Para el resto de nosotros quienes tenemos que esforzarnos con la coordinación de los músculos relacionados con la *entonación*, tendremos que pasar más tiempo trabajando en los

7 Dimensiones del Canto

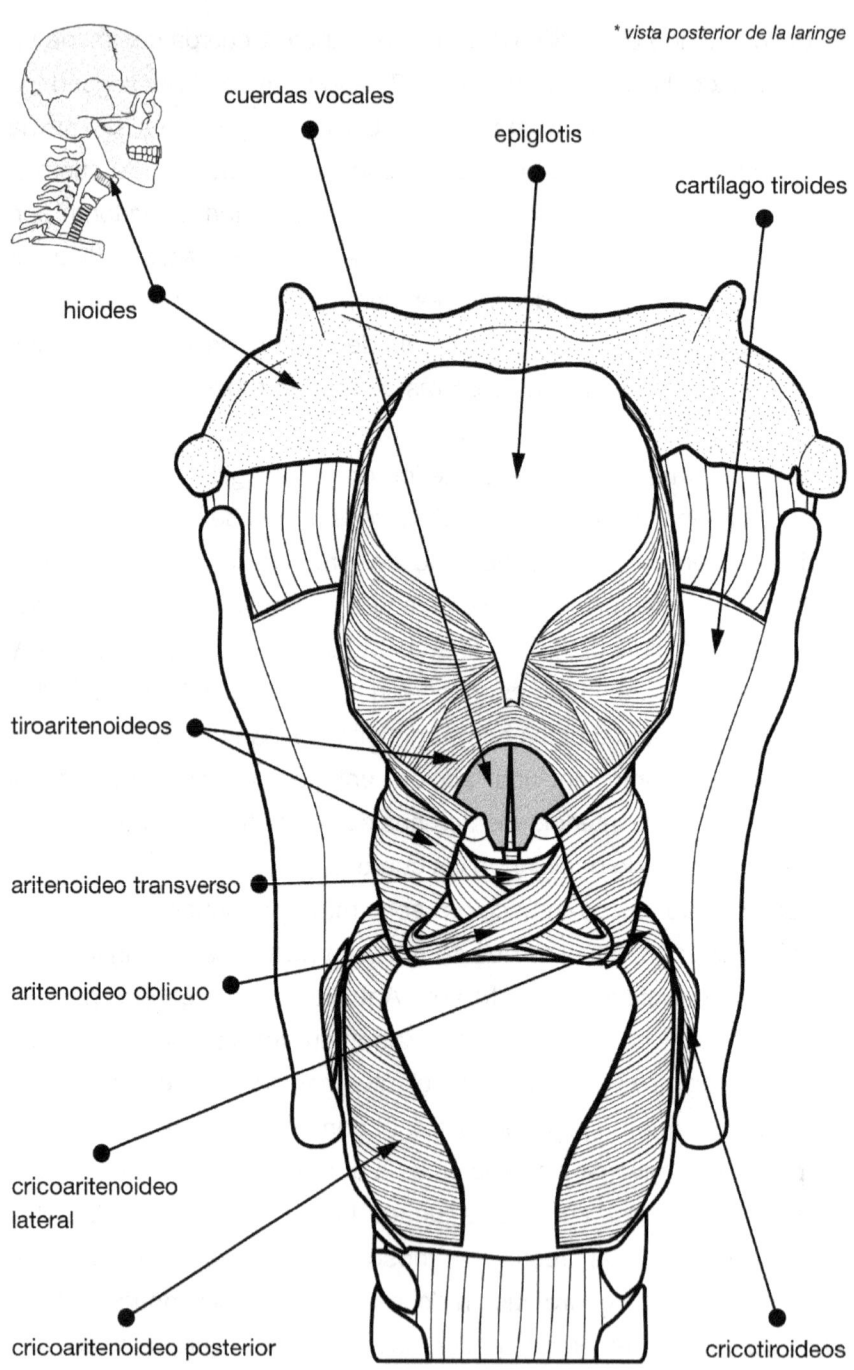

detalles de esta dimensión por sobre otras, para así poder crear un instrumento equilibrado en su totalidad.

A veces solo practicando una específica canción o melodía una y otra vez puede funcionar, pero se necesitará más esfuerzo para mejorar el control de la *entonación* en su totalidad. Usar otros sentidos para sentir o ver la vibración de nuestras cuerdas puede ayudar mucho en acelerar la afinación al cantar. Un afinador cromático de guitarras es una herramienta perfecta para esto. Puede mostrar visualmente cualquier frecuencia (*tono*) que está detectando.

Mientras estés mirando al afinador, puedes deslizar tu voz de lo agudo a lo grave hasta que tu nota preferida aparezca. Activar tu corteza visual (la parte del cerebro que procesa el sentido de la vista) te ayudará a guiar la voz, no solo en afinarla, pero también en proveer un conocimiento agudo a la velocidad de la vibración en tu cuerpo. Aunque pueda ser un proceso lento y tedioso al principio, mientras tengas una mejor reacción sensorial, más rápido será tu progreso. Una vez que puedas igualar las notas exactas en forma consistente, hay más ejercicios especializados en coordinar los músculos de la *entonación*, como por ejemplo haciendo un "zumbido pulsante".

Ejercicio de Entonación
(zumbido pulsante)

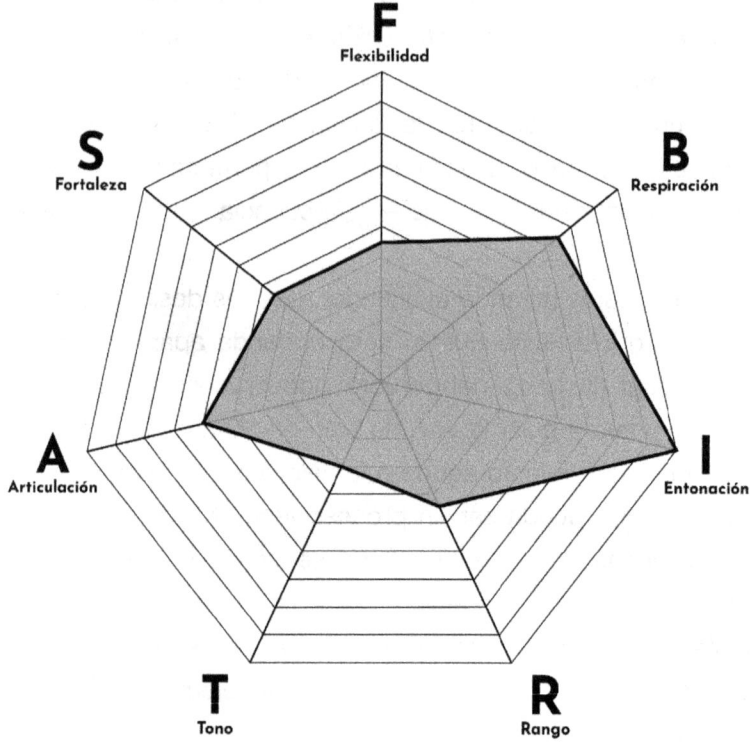

El "zumbido pulsante", como cualquier otro ejercicio que usa un zumbido vocal, mantiene una íntima relación entre las dimensiones de la *entonación* y la *respiración*. Por eso, deberíamos primero de revisar nuestra administración de aire en forma independiente. Al soltar suavemente un poco de aire, lleva tu lengua levemente hacia el techo de tu boca (el paladar duro) para crear un sonido de un seseo. Este fricativo (tipo de consonante) te permite escuchar y sentir la firmeza del flujo de aire, antes de introducir cualquier actividad por parte de las cuerdas vocales. Una vez que puedes regular el seseo, vocaliza una nota cómoda en cualquier de tu típico *rango* vocal hablado.

Esta vibración simultánea de las cuerdas vocales dentro de la laringe, con el fricativo en contra del techo de la boca, provee dos sonidos claros, identificables y sostenibles que se deben monitorear. Eso es lo que hace al zumbido un formante tan único y desafiante. Cuando se hace correctamente, es muy difícil de fingir el sonido o usar aire de más.

Tan pronto como tengas la facilidad de crear un zumbido (como el zumbido de una abeja) en diferentes notas, puedes introducir pulsos de intensidad. Para hacer esto, debes de cambiar entre el zumbido y el seseo por un tiempo musical, en un solo respiro. El reto aquí es de aislar los músculos que acercan a las cuerdas vocales una a la otra (aducción) en una nota deseada, y luego separarlas (abducción), sin interrumpir el sonido de seseo. Los músculos responsables para la aducción son los aritenoideos transverso, laterales y oblicuos, y los músculos responsables de la abducción son los aritenoideos posteriores. Al aislar estos músculos, junto a los cricotiroideos y tiroaritenoideos, ajustar la tensión de las cuerdas es como prender un interruptor de "encendido y apagado". Puedes imaginarlo como una zona de tiro al blanco para cantar la nota correcta.

Además de proveer una buena reacción a la cantidad de aire que se está usando, la función primordial del fricativo es la de asegurarse que la lengua no vuelva hacia atrás o modifique su posición en un intento de ayudar a controlar la afinación. Si el seseo es interrumpido, tiembla o cambia en la calidad de volumen, te está indicando que hubo un desequilibrio. Esta es una alerta roja en el comportamiento porque necesitas los músculos de la lengua disponibles para ayudar en otras dimensiones además de la *respiración* y *entonación*.

Tratemos de hacer un poco de deporte vocal nosotros mismos. Abre la sección 🔊 **Multimedia del Libro 7DS** en los *Ejercicios de Entonación* y escucha el ejemplo para tener un mejor entendimiento de cómo debería sonar. Puede tomarte muchos intentos para que consigas la coordinación, así que, si estás teniendo problemas, pasa un poco más de tiempo con las notas individuales antes de pasar con el "audio de práctica". Como nota muy importante, incluso cantantes profesionales tienen problemas con esto al principio.

> *NOTA: Cuando te refieras a notas que igualar, intenta reemplazar palabras como de "darle a la nota" la cual puede tener una definición algo forzosa, con palabras como "cantar" o "vocalizar". Tu cuerpo responderá positivamente cuando reduzcas cualquier tensión semántica a la mente.*

¿Cómo te fue?

¿Pudiste sostener un constante seseo independiente de las notas? Si no estás 100% seguro si igualaste las notas correctamente o no, intenta usar un afinador de guitarra o practicar con un músico con experiencia o un maestro de canto que te pueda escuchar y ayudar.

Si estás interesado en aprender riffs vocales rápidos (melisma), a menudo utilizados en géneros como R&B y ópera, practica el patrón que quieres aprender con un zumbido en legato, es decir sin pulsos y muy lentamente al principio. Una vez que estés seguro de las notas correctas en la baja velocidad, incrementa el tiempo musical poco a poco, hasta que sea más rápido y lo suficientemente definido para intentarlo con la letra. Algunos melismas pueden conseguirse en minutos, mientras otras pueden tomar meses de entrenamiento. Todo esto depende en tu nivel de habilidad, qué tan complicada es el melisma y la eficiencia de tu entrenamiento.

En otra nota (nunca mejor dicho) vamos a hablar sobre la ilusión de esta dimensión en ser más importante que otras. Desafortunadamente, la mayoría de la música popular está saturada con voces artificialmente modificadas, creando un estándar falso de lo que se espera de un instrumento cuando hablamos en términos de excelente afinación. Cantar con una afinación perfecta es grandioso, SOLO SI aún eres capaz transmitir el mensaje emocional de la letra.

Escucha con mucho cuidado a los más exitosos y venerados cantantes de la historia, y podrás escuchar que sus presentaciones están llenas de desafines y notas imperfectas. Los "grandes" no eran grandes porque siempre tocaron cada nota con perfección , ellos fueron grandes porque eran capaces de hacer sentir a la gente r. Cantantes como Elvis Presley, Billie Holiday, Freddie Mercury, Patsy Cline, Whitney Houston, Kurt Cobain, Etta James, David Bowie, Janis Joplin, Frank Sinatra, Michael Jackson, Karen Carpenter, Bob Marley, Joan Sutherland, Judy Garland y Ray Charles aprovecharon que sus voces eran un instrumento sin límite, permitiendo que el promedio de una nota decidiera la melodía y el equilibrio completo de su voz encargarse del mensaje.

El punto que estoy creando no es para quitarle el valor a cantar en frecuencias exactas, pero para reconocer que no hay una dimensión en la voz que sea más importante que la otra. Cuanto más igualadas se vuelven las dimensiones en tus prácticas, más opciones tendrás en la ejecución de tu arte.

Resumen Entonación

- *Entonación es el control de la frecuencia o nota y poder moverte de una nota a otra.*

- Evita la idea de "dar" a la nota, y mejor piensa en "cantar" o "vocalizar".

- Para cantar "afinado", debes de igualar la velocidad de la vibración de la nota que quieres con tus cuerdas vocales.

- Relajar o tensar las cuerdas vocales para poder alterar su velocidad de vibración en contra del flujo de aire es lo que crea la frecuencia o nota.

- Tus cuerdas vocales son muy pequeñas y toma muy poco esfuerzo ajustar las notas cuando usas los músculos correctos.

- Cuando estés entrenando, intenta usar un asistente visual como un afinador de guitarra o una aplicación vocal para verificar qué tan cerca estás de la frecuencia.

- No necesitas estar perfectamente afinado cuando cantes para tener una gran presentación.

Rango: 4ta Dimensión
Capítulo VI

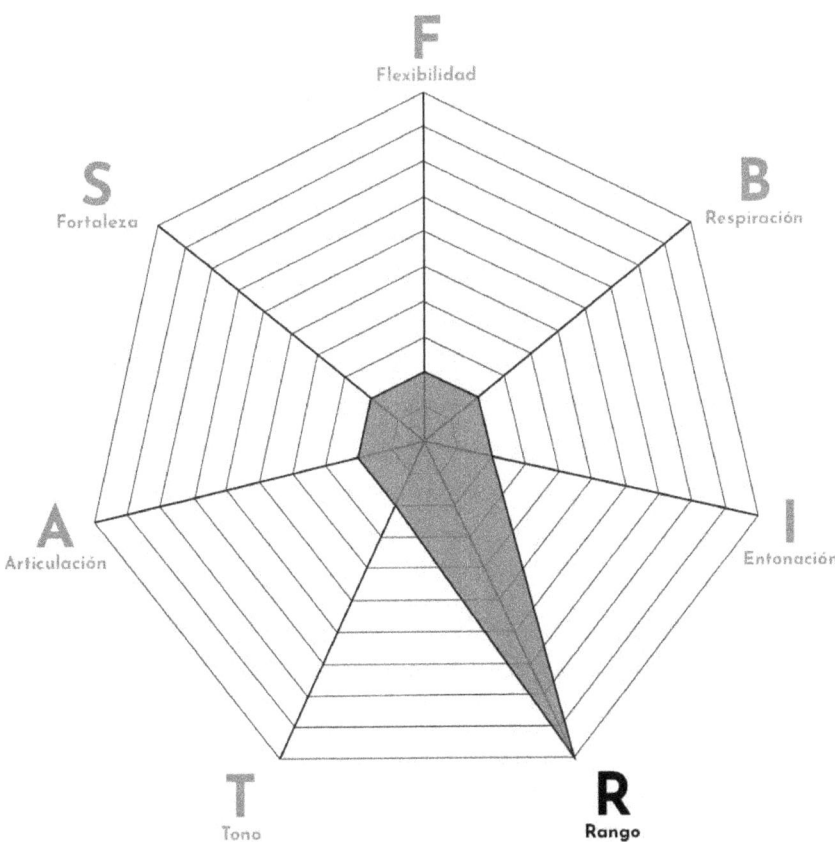

Rango: El equilibrio vocal desde la nota más grave hasta la más aguda

7 Dimensiones del Canto

¿Te saltaste los otros capítulos para llegar a este? Si fue así, no eres el único. De todas las dimensiones, *rango* es aquella por la que los cantantes más se obsesionan, y se entiende. Sin embargo, en la mayoría de los casos, cuando un cantante se queja de su *rango* o dice que no puede alcanzar ciertas notas en una canción, lo que quiere decir es, "No puedo conseguir el sonido que yo quiero en ciertas notas". Una nota aguda cantada con un intenso sonido de alarido, causando que las personas se cubran los oídos y aprieten los dientes, no provocará la misma reacción, que una nota que fue cantada con facilidad, bañada en suaves y dulces sobretonos. Con eso en mente, la dimensión de *rango* es definido como la coordinación y equilibrio vocal muscular desde las notas disponibles más graves hasta las agudas.

Aprender a controlar y acceder a tu *rango* vocal es muy parecido a aprender a controlar la velocidad y la capacidad de cambiar de marcha sin problemas en una bicicleta. Saber cuándo y cómo hacer la transición entre cambios, sin sonidos o reacciones súbitas de la bicicleta para tener que compensar con más esfuerzo, toma coordinación y práctica. Pedalear con fuerza en el cambio equivocado no solo limitará qué tan rápido vas, sino también será un desperdicio de energía y te fatigará rápidamente.

Cuando cantas, la velocidad de vibración de las cuerdas vocales determina la frecuencia o nota exacta: Mientras más lenta sea la vibración, más baja es la frecuencia. Por lo mismo, mientras más rápido vibren, más alta será la frecuencia. Si tus cuerdas vocales se mantienen en una masa (grosor) constante, ellas sólo podrían vibrar hasta un *rango* limitado de notas basado en su su longitud y su capacidad para tensarlas.

Las mismas limitaciones ocurrirían con un ciclista con solo un cambio. Múltiples cambios ofrecen una variedad de opciones basados en el terreno, distancia, condición de la bicicleta y las metas del ciclista.

Aunque solo tengas un set de cuerdas vocales "verdaderas" para cantar, tu puedes ajustar la masa y las posiciones relativas para crear registros (cambios) múltiples. Esto es lo que te permitirá acomodar tus metas, sin importar del terreno de una canción.

Registros Vocales: El número actual de registros vocales, terminología y descripciones, está fuertemente debatido entre maestros. En un esfuerzo para comunicar los términos de los registros en la forma más universal posible (al menos dentro de los confines de este libro), vamos a definirlos de acuerdo a la posición física de las cuerdas vocales y de su relación al flujo de aire:

(1) El "fry vocal" fue descrito en el inicio como una textura vocal. También se puede notar como el registro más grave con una vibración irregular de las cuerdas, causado por la falta de presión subglótica y una leve soltura de la tensión de las cuerdas vocales. Su nombre se origina del sonido casi gutural o cavernal que genera.

(2) "Pecho" es cuando las cuerdas vocales se aproximan en una posición más gruesa que en el registro de cabeza. Su nombre se origina de la vibración que se siente primordialmente en el pecho.

(3) "Cabeza" es cuando las cuerdas vocales están aproximadas en una posición más delgada que en el registro de pecho. Su nombre se origina por la vibración que se siente en la cabeza y no en el pecho.

(4) "Falsete" es cuando las cuerdas vocales están en una posición más delgada que el registro de cabeza y levemente separadas. Su nombre se origina al no sentir ninguna vibración en el pecho o la cabeza.

(5) "Silbido" puede ser visto como el registro más alto, el cual ocurre cuando las cuerdas vocales son estiradas mucho con solo un diminuto espacio para que el aire pueda pasar, obligando a las moléculas de aire a crear un sonido de alta frecuencia a través de las cuerdas que en ese momento no vibran. Su nombre se origina por la similitud del sonido con un silbido hecho con los labios.

Debido a las limitaciones en poder proyectar la voz en el fry vocal y articular palabras en silbido, los tres registros del medio son los que comúnmente, más se usan. Vamos a comparar una corteza media de las cuerdas vocales (Mostrando las cinco capas que mencionamos en el Capítulo III, *Flexibilidad: 1ra Dimensión*) para definirlas:

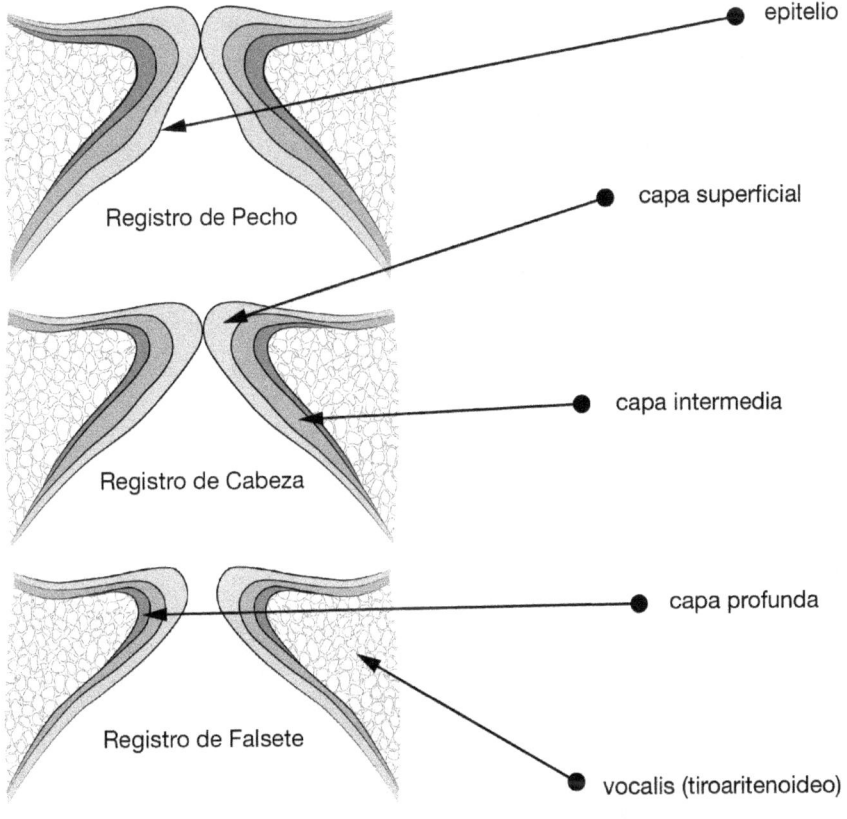

Los músculos primarios que son usados para determinar la masa y la aproximación de las cuerdas vocales son los tiroaritenoideos (vocal), cricotiroideos y aritenoideos. Para aclarar, el músculo vocal es a menudo referenciado en forma independiente de los tiroaritenoideos debido a su doble rol como la capa más profunda de las cuerdas vocales. Sin embargo, estos músculos son parte del mismo y se pueden contraer como una sola unidad.

Las transiciones de los registros son un fenómeno de conducta vocal conocido como el "passaggio o pasaje" (también conocido como "coz mixta", "rompimiento vocal" o "voz media"). En relación con la posición, el passaggio no es más que un porcentaje de dos registros, uno superpuesto a otro; a medida que las cuerdas vocales se ajustan de una posición relativa a la siguiente en contra de la presión subglótica. La gráfica abajo muestra un esquema básico de cada registro y sus capacidades de superposición, relativas a la frecuencia. Puedes también notar que el fry vocal (aunque difícil de navegar en notas más agudas) es el único registro que puede superponerse parcialmente a más de dos registros, mientras que el silbido no puede superponerse ni a su registro vecino, falsete. Esto es debido a la naturaleza de cómo los sonidos son producidos.

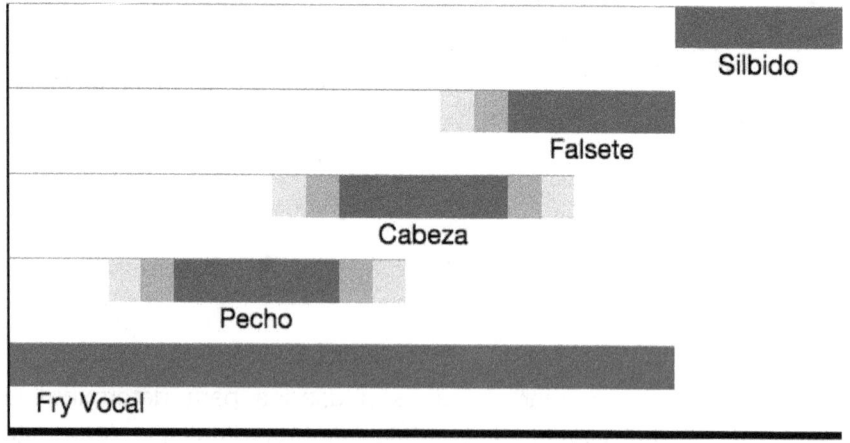

La Técnica Throga

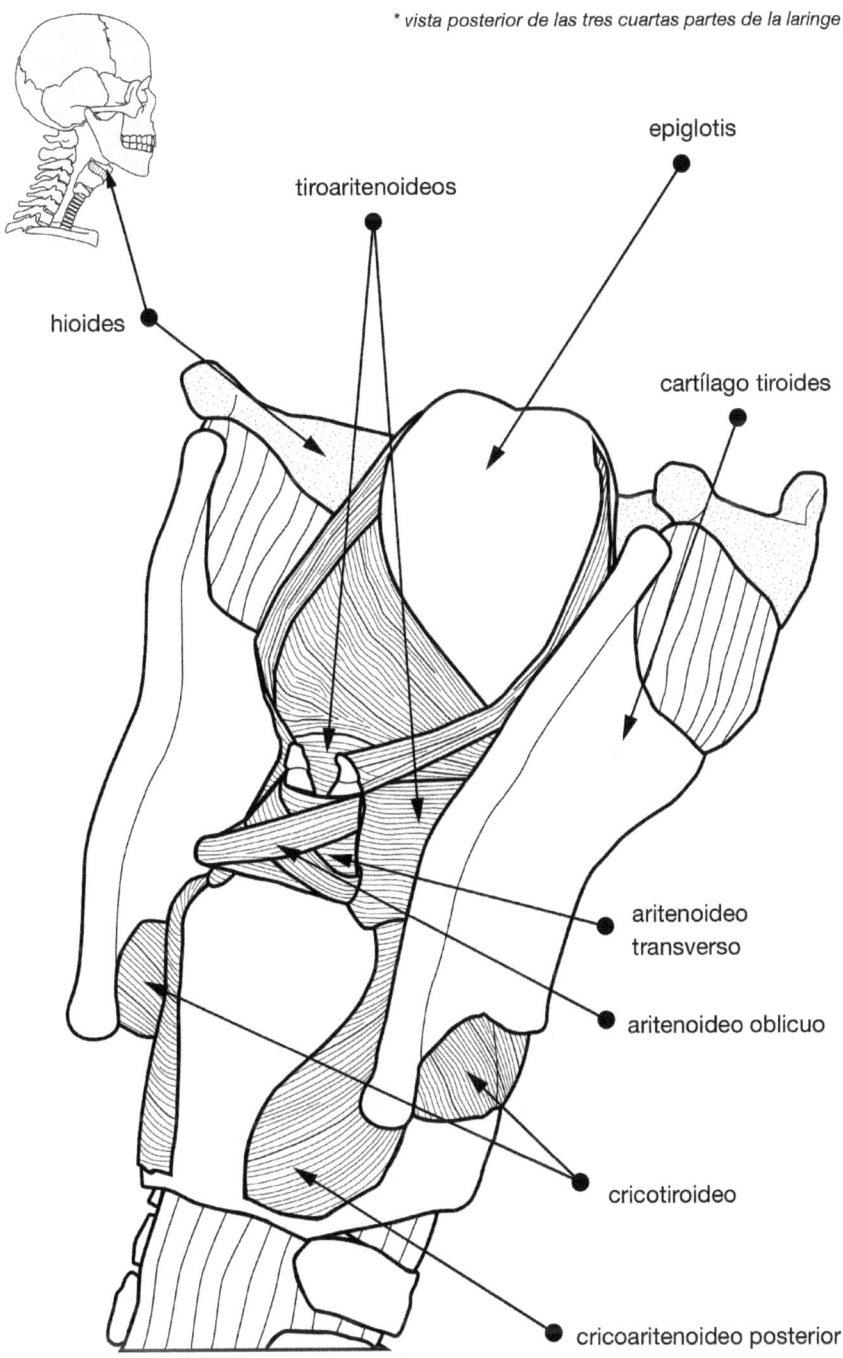

*vista posterior de las tres cuartas partes de la laringe

Ahora que hemos definido algo de importante terminología, vamos a responder la pregunta inevitable: ¿Cómo puede mejorar mi *rango* vocal?" Ted Neeley, protagonista estelar de la película de 1973 y de los tours internacionales y la producción de Broadway de *Jesucristo Superestrella*, usa ejercicios de glissando concentrándose en el passagio entre los registros de pecho, cabeza y falsete para desarrollar y mantener su *rango*. Hoy en día, Ted continúa en demostrar sin esfuerzo esta dimensión con más de 70 años de edad, cantando por más de tres octavas a todo volumen, noche tras noche cuando está en tour.

Un glissando, como debes recordar, es cuando deslizas intencionalmente de una nota a otra. Sin embargo, esta vez, vamos a hacerlo lentamente y a volúmenes altos que se irán incrementando, lo cual va a requerir *flexibilidad* y estabilidad de la voz. No es una coincidencia que *rango* está en el centro de las dimensiones, entre *flexibilidad* y *fortaleza*.

Ejercicio de Rango
("a" lento en un glissando)

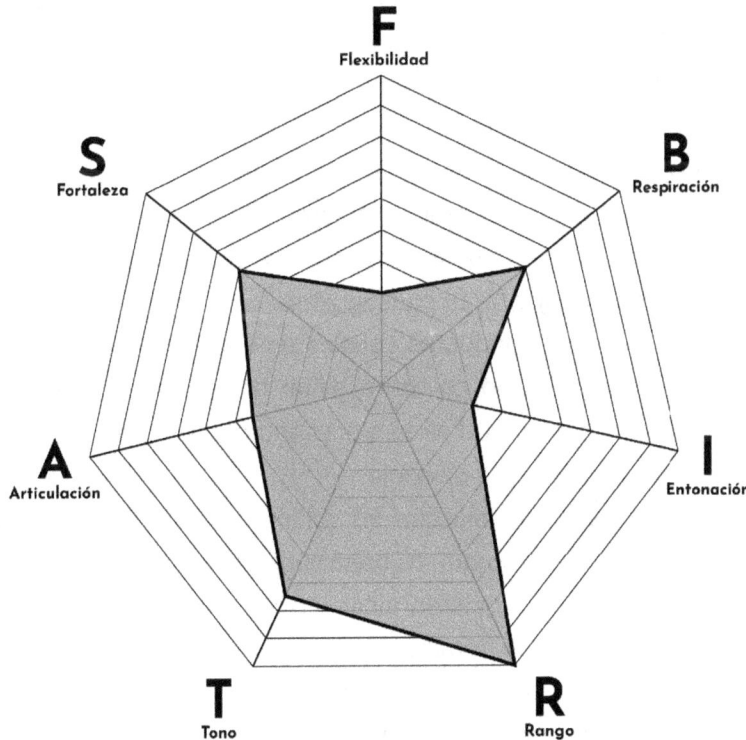

El *Ejercicio de Rango* (🔊 **Multimedia del Libro 7DS**) usa un patrón que comienza en el medio de una octava (en el quinto intervalo), se desliza hacia abajo hasta la nota fundamental, sube una octava y luego regresa a la nota inicial. La complejidad de este patrón te invita a que te muevas de un registro a otro más veces que con muchos otros patrones tradicionales de escala con glissando. Crear oportunidades para practicar el equilibrio entre registros es esencial para desarrollar *rango*. Para trabajar en esta dimensión aún más allá, una formante abierta "a" será usada, la cual dilata la garganta y remueve cualquier resistencia por encima de la laringe. Esto hace más difícil de disfrazar cualquier desequilibrio, especialmente en el passaggio.

Para ayudar a visualizar nuestra meta, piensa en tu registro de pecho como una cuerda azul larga y gruesa en la parte izquierda del piano, y tu registro de cabeza como una cuerda roja corta y delgada en la parte derecha del piano.

Tu objetivo sería el de tocar todas las notas posibles que marcaran una mezcla de ambos colores, es decir un morado, sin alterar que tan fuerte o suave toques las teclas. Para hacer esto diestramente y trabajar en tu passaggio de color morado se requiere de permiso mental y conductas vocales en equilibrio. Así que haz lo mejor que puedas en no olvidar o evitar ni una "tecla morada" al agregar tensión, presión de aire innecesario o quedarte atascado en un solo color al hacer este ejercicio.

Comienza este ejercicio con un volumen bajo primero. Es muy importante dejar en claro que tu control del volumen es separado al control de la nota que quieres alcanzar, así que, si tu volumen se mantiene constante, te tomará menos aire cantar una nota más aguda que una grave. Recuerda, si hay más presión de aire, es más posible que los músculos dentro de tu laringe respondan engrosando más las cuerdas vocales, haciendo más difícil que vibren a velocidades altas. Solo cuando puedas navegar exitosamente de tu nota más grave a la aguda con buena coordinación, podrás incrementar el volumen (equitativamente) en orden de subir a un nivel más alto en dificultad con el ejercicio.

No importa que tan raro suene, la transición entre registros causa CERO daños a tus cuerdas vocales. Así que cualquier dolor o molestia será el resultado de intentar evadir o disfrazar el sonido de rompimiento vocal. Si te encuentras evitando muchas notas, frustrándote o experimentando cualquier incomodidad, intenta cambiar de formante, de una "a" a una "e" o "m". Siempre puedes regresar a la "a" una vez que te acostumbres más al ejercicio. De otra manera, tensar músculos innecesarios en tu garganta en un intento de rodear tu passaggio es como tratar de pedalear mientras aprietas los frenos de mano al mismo tiempo.

Este tipo de desequilibrio es algo muy común para cantantes inexpertos y aquellos que están pasando por la pubertad. Las recalibraciones neurológicas necesarias cuando estamos pasando de nuestra bicicleta infantil sin cambios, a una de adultos y con muchos cambios, puede ser frustrante. Nuestro sentido de precisión y equilibrio es dramáticamente dañado con el cambio de tamaño de una llanta y un centro de gravedad más alto. Le toma tiempo a nuestra mente y cuerpo adaptarse, al igual que a nuestra laringe cuando cambia rápidamente su tamaño debido a las hormonas de crecimiento en los adolescentes.

> *NOTA: La protuberancia en la zona del cuello, es decir en la parte frontal de tu laringe es el cartílago tiroides también muy conocido como la "Manzana de Adán" y no la "Manzana de Eva", porque los hombres tienden a tener una laringe más grande, lo que le permite a las cuerdas alcanzar notas más graves.*

La razón por la que muchos adultos continúan en tener problemas con esta transición post-pubertad, es porque nunca se han permitido a ellos mismos, adaptarse a los cambios de su instrumento. Imagina que tuvieras que pasar el resto de tu vida pedaleando una bicicleta de adulto en un solo cambio (sin nunca saber sobre la transición entre ellos). O intentar inclinarte al dar una vuelta como si estuvieras muchos centímetros más cerca del suelo que en realidad estás. Siempre te sentirías extraño y lleno de límites. Esto ocurre mucho con aquellos que son (o fueron de niños) muy fáciles de avergonzarse y se escudan emocionalmente cuando al hablar o cantar su voz se rompe frente a otros.

No tienes que ser un temerario, pero no puedes pasar el resto de tu vida teniendo miedo de caerte de la bicicleta de vez en cuando y aún esperar en mejorar. Debes de dejarlo pasar.

Reírte de ello.

Y volver a ponerte de pie.

Resumen de Rango

- *Rango* es la coordinación y el equilibrio vocal de las notas disponibles más graves hasta las agudas.

- Coordinar la transición entre registros es la clave para desarrollar y acceder al *rango* completo de una persona.

- La masa de las cuerdas vocales puede adelgazar para acomodar velocidades más rápidas de vibración.

- Hay cinco registros vocales que se definen por posición de las cuerdas vocales y su relación con la presión de aire: fry vocal, pecho, cabeza, falsete y silbido.

- En un volumen constante, las notas más agudas requieren menos presión de aire que las notas graves.

- Los ejercicios de *rango* frecuentemente usan muchos patrones de intervalos a tiempos lentos o volumen altos.

- No tengas miedo del raro sonido de rompimiento vocal (gallos) cuando estés trabajando en el passaggio.

7 Dimensiones del Canto

Tono: 5ta Dimensión

Capítulo VII

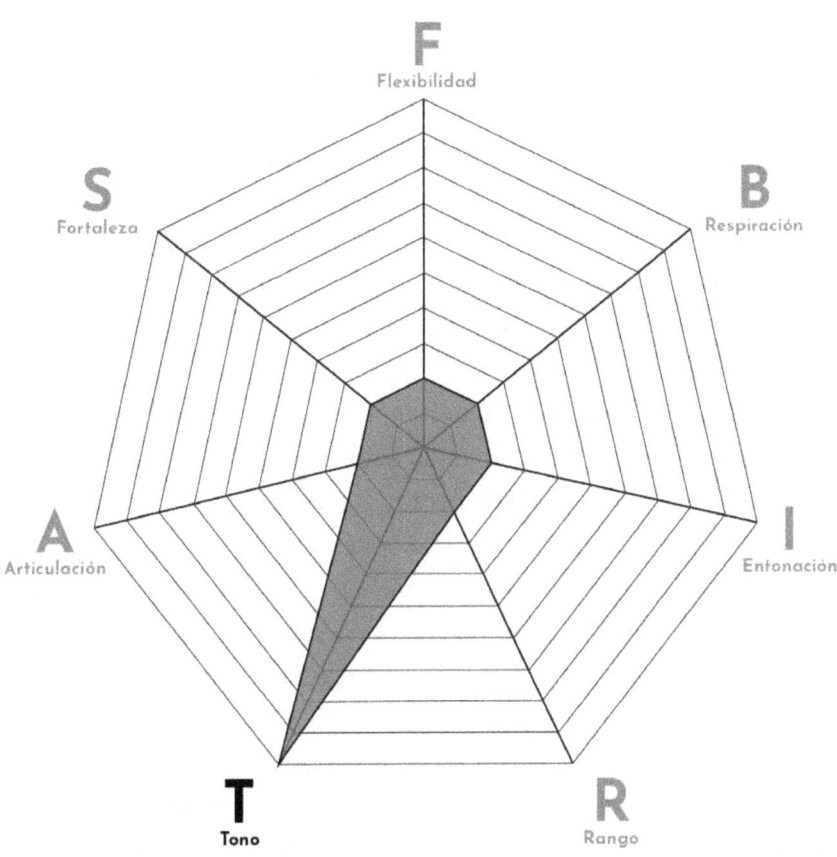

Tono: La calidad del sonido

"¡No uses ese tono de voz conmigo!"

Al crecer, TODOS nosotros hemos escuchado esa frase. Si tienes hijos, posiblemente la has repetido un par de veces también. ¿Pero qué significa "el tono de la voz" exactamente? Y ¿Por qué importa?

Si la pequeña Maria te dice "Ya terminé mi cena. ¿Me puedes dar una galleta, por favor?" Es muy posible que decidas decir, "Por supuesto". ¿Y por qué no? El plato de Susie está sin duda vacío, y ella dijo "por favor", sin haber tocado la galleta primero. El único problema es que el *tono* de voz de Maria fue omitido en esta historia. ¿Qué hubiera sido si ella hubiera usado sonidos de rabia y pujidos a un volumen alto, buscando tu atención y respuesta inmediata? Posiblemente no hubieras pensado tan rápido en decir "sí".

En otro ejemplo, imagina que llamas a un amigo tuyo, Jorge, para conversar casualmente en algo que pasó la noche anterior. Pero apenas él responde a tu llamada con un "hola", sientes tu corazón acelerarse y un nudo en tu estómago hacerse más profundo con cada segundo, literalmente manteniendo la *respiración*, esperando a escuchar qué es lo que dirá después.

¿Por qué tu cuerpo reaccionaría tan dramáticamente? Todo lo que dijo fue "hola". Esta vez, el *tono* omitido de voz dijo una diferente historia. Jorge sonaba como si estuviera ahogando sus palabras a punto de estallar en llanto. El centro emocional de tu mente analizó las características de su voz ANTES de que tuvieras la oportunidad de procesar la información conscientemente. Ahora tus pensamientos están flotando por escenarios de lo que pudo haber pasado y qué puedes hacer para ayudar.

¿La historia te suena familiar? Es la misma secuencia de eventos que les tomó a nuestros ancestros miles de años en refinar. Cada uno de nosotros revive esta historia en nuestros propios escenarios de aprendizaje desde que nacemos. Primero, aprendemos a diagnosticar y responder al *tono*, sea el sonido hacia el que corremos, del que huimos o el que ignoramos. Después, procesamos y racionalizamos el sonido además de otros trozos de información ambiental disponible. Mientras tanto, nuestras respuestas intuitivas están en movimiento, causando varias formas físicas de acción y comunicación.

Es por eso por lo que *tono*, la quinta dimensión, es tan importante a entender y usar para nuestra ventaja. La autenticidad de tus palabras o letra sólo será validada, si la calidad de tu voz refleja la misma intención emocional. Al igual que usar el maquillaje adecuado para adaptarse a tu estado de ánimo y atuendo, crea una impresión mucho más sorprendente y memorable.

Sin embargo, solo hemos hablado de *tono* por la superficie. Cualquiera que pueda imitar las cualidades de la voz puede sugerir que estás triste, feliz, enojado o sorprendido sin importar o no si es sincero. Pero y ¿qué hay del *tono* "esencial?" La huella digital sónica por debajo de la superficie, aquello que te hace identificable de todo un mar de otras personas. ¿Es este sonido determinado por genética? Si leíste la introducción, ya sabes la respuesta.

No.

Has pasado toda tu vida con tu subconsciente definiendo el timbre y las características vocales que tienes ahora, y solo un porcentaje de ello se puede debatir cómo genético. Actores de doblaje e imitadores, como Michael Winslow o el fallecido Robin Williams, demostraron este tipo de habilidades a través de sus carreras al imitar en forma exquisita otras voces, dialectos, instrumentos y sonidos. El grado de coordinación total es bastante sorprendente, pero no es magia. Un imitador hábil ha desarrollado grandemente la comunicación entre el pensamiento y el tracto vocal. Si dejas tu incredulidad de lado por un tiempo, comenzarás a darte cuenta de algo sorprendente con tu propia voz también; si TÚ creaste el sonido, entonces eso quiere decir que TÚ puedes cambiarlo.

7 Dimensiones del Canto

Si estás feliz con el sonido de tu voz a través de todo tu *rango*, ¡fantástico! Sigue leyendo para aprender más sobre *tono* y cómo puedes manipularlo, si es que algún día decides en hacerlo (o eres instruido en hacerlo por un director o productor). Pero, si en el otro caso crees que tu voz es muy "nasal", "delgada", "cómica", "forzada", "ligera", "ronca", muy "masculina" o muy "femenina", debes saber que está dentro de tu control. Puedes modificar el sonido de tu voz en ciertos momentos de una canción o en una entera presentación. Para poder hacer eso, necesitamos entender primero dónde y cómo se crea el *tono*.

El *tono* es el resultado de unos patrones de resonancia (frecuencias amplificadas) dentro de un espacio dado, conocido como resonador. Todo instrumento tiene uno: El cuerpo de una guitarra, la caja de resonancia de un piano y el espacio vacío de un tambor. El material o materiales usados para crear este espacio también juega un rol vital. La densidad y la masa de una aleación o la aspereza de la madera iluminarán u oscurecerán varias frecuencias, permitiendo que identifiquemos la diferencia entre un saxofón y un clarinete, aun si tocaran la misma melodía al mismo tiempo. El resonador del instrumento vocal comienza dentro de la laringe, justo arriba de las cuerdas vocales, y se extiende hacia arriba en un espacio manejable conocido como las paredes faríngeas.

La faringe está hecha de músculos constrictores en forma de cilindro y dividida en tres partes distinguibles. Primero, y la más influyente en tono en relación con el sonido "esencial", está el espacio justo arriba de la laringe llamado la laringofaringe (también conocido como hipofaringe). El sonido es amplificado en esta región y se mueve hacia arriba a la orofaringe, que se puede ver en un espejo al tener la boca abierta. Finalmente, está la nasofaringe en la parte más alta de la garganta, la cual se abre en las cavidades nasales para resonancia adicional de alta frecuencia. El Tono puede ser también manipulado y

La Técnica Throga

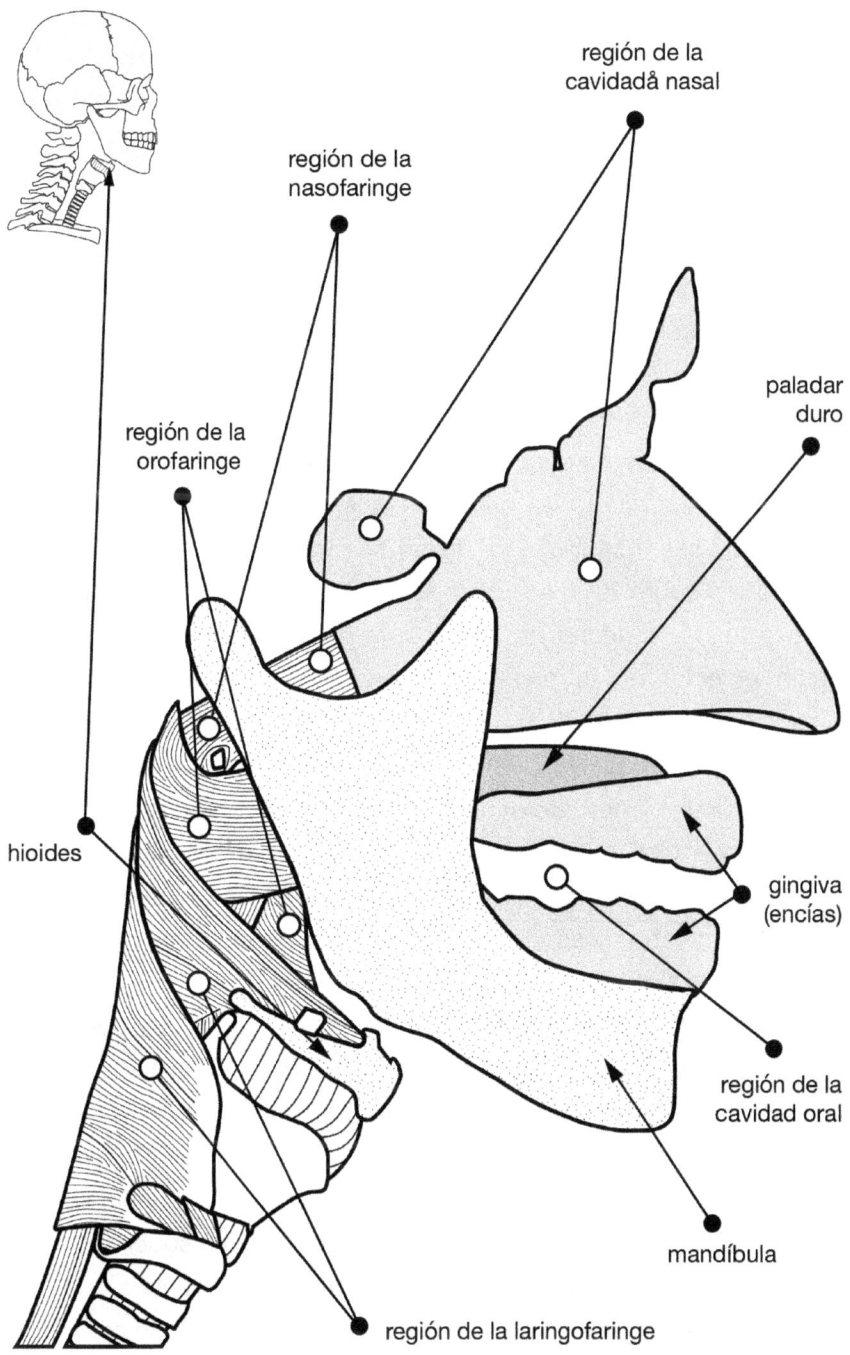

afinado dentro de la cavidad oral, formada por la lengua, mandíbula, paladar blando y duro. Sin embargo, debemos de reservar este espacio para hablar de ello en el siguiente capítulo.

Usemos una analogía visual para alterar el *tono*. Piensa en tu rostro, una base genética, como su espacio resonador. La forma de tus ojos, la longitud de tu nariz y la curvatura de tu barbilla todos están determinados por tu ADN, como es la forma de tu epiglotis, la longitud de tu faringe y la curvatura de tu cartílago tiroides.

A medida que las ondas de sonido rebotan por las cámaras resonadoras de tu tracto vocal, varias frecuencias son absorbidas y reflejadas, resultando en un sonido específico. Aún el ajuste mínimo, dilatando o alargando las paredes de la faringe, puede transformar tu voz. Si usas maquillaje, lo mismo se puede decir de la luz, como si rebotara sobre tu rostro, transformando en cómo te ves. El arco en tus labios, el ancho de tus ojos, la profundidad de tu pómulo y hasta el color de tu piel pueden ser visiblemente alterados sin ningún cambio a tu ADN.

Aunque la expresión del estado de ánimo puede ser tan fácil como aplicar el delineador de ojos o lápiz labial, reprogramar tu sonido "esencial" requiere que expongas tus cimientos. Tienes que remover años de maquillaje, aplicados por las experiencias de la vida. Será mucho más fácil trabajar con ello, una vez que te aferres a la belleza pura que se encuentra debajo.

Aquí no existen atajos. El cambio requiere práctica y paciencia. Mientras más repitas algo, más automático se vuelve y más "genético" se siente. Si tienes 23 años, estás estás enfrentando a 23 años de programación mental. Si tienes 48, a 48 años de programación, y así sucesivamente. Sin embargo, principalmente son los primero siete años de tu vida los que quieres superar, ya que es cuando tu cerebro define y protege la mayoría de los comportamientos que pasas el resto de tu vida intentando emular.

Sin importar de la conducta que te haya llevado a un sonido desequilibrado o comprometido, necesitamos deshacer y reconstruir. Puedes hacer esto esencialmente "apagando" las paredes de la faringe durante la práctica y liberando los músculos que son responsables para tragar. Esto puede sonar como algo loco y complicado de intentar, pero es algo que ya sabes hacer. Solo que aún no te has dado cuenta.

Acomoda tus dedos por el centro de tu garganta y traga. ¿Sentiste la laringe deslizarse hacia arriba? Ahora toma un profundo respiro y trata de imitar un bostezo. Si lo haces correctamente, sentirás la laringe deslizarse hacia abajo. Los mismos músculos que usas para tragar son precisamente lo que están manteniendo la laringe en su lugar. Así que la única manera de que tu laringe se mueva hacia abajo es que los músculos de arriba, incluyendo los constrictores de la faringe, se relajen. Es por eso por lo que es tan difícil de bostezar sin abrir la boca grande y usar los músculos de la mandíbula.

Esta vez intenta decir tu nombre con tu laringe baja. ¿Acaso sonaste como el dibujo animado del oso Yogui o Patricio la estrella de Bob Esponja? Así será con todos que lo intenten. Será tanto, de hecho, que sería muy difícil de diferenciar tu voz entre otras aún sean de otras partes del mundo. Al deshacer el estilo, acento, personalidad, estrés y otras conductas influyentes que crean nuestro *tono* identificable, la máscara es removida y refleja más nuestra base genética. ¡Es decir, si nuestra laringe estuviera localizada dos pulgadas más abajo!

Ejercicio de Tono
(Escala con "Gu" con laringe baja)

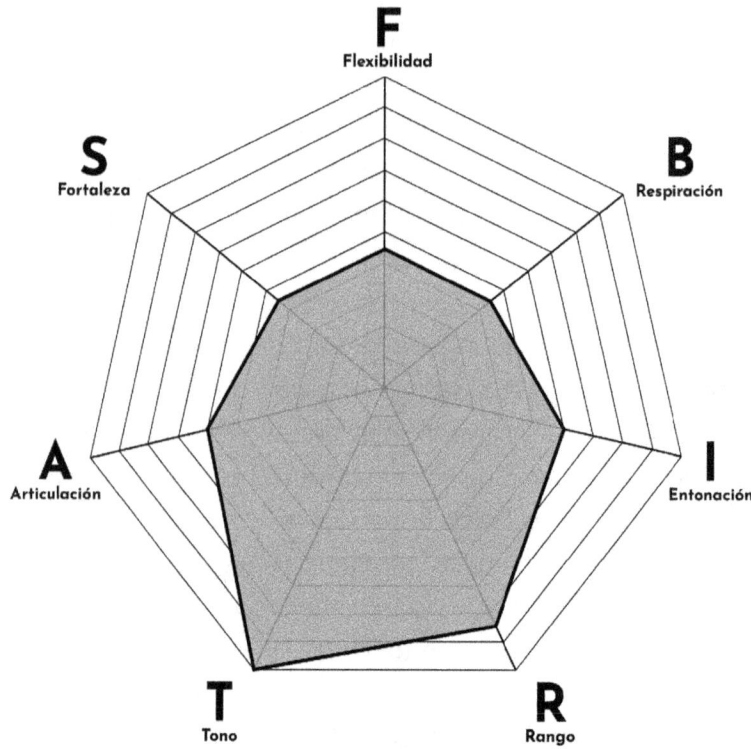

El *Ejercicio de Tono* (◀⏵ **Multimedia del Libro 7DS**), tu meta es la de remover lo más posible la conducta y maquillaje vocal usando el sonido de "Gu" (Con una "u" no tan pronunciada) en una escala de una octava. La distintiva "G" usada en el inicio de cada nota, requiere que la lengua y los músculos de entorno se contraigan hacia arriba. Permitiendo que la laringe se mueva y responda naturalmente a esta acción y fomente al resto a una posición baja (bostezo) solo durante la "u", sostenida en una nota.

Dado que estás buscando mejorar y desarrollar el *tono*, puede sonar contraproducente el apagar los músculos que necesitas para mejorar el sonido. Para ayudar a ilustrar este enfoque, piensa este nuevo posicionamiento como una "asana" para tu voz. Una asana, en los términos de yoga, se refiere a una posición sostenible del cuerpo. El posicionamiento intencional de la laringe, mientras estás intentando reducir cualquier tensión innecesaria en el tracto vocal, es invariablemente lo mismo. Y como muchas posiciones de yoga, no dejes que la risa te desconcentre. El increíble estado vulnerable de una laringe baja requiere de mucha libertad, no es fuera de lo común que nuestros sensores se enciendan y comencemos a reírnos como una respuesta defensiva.

El objetivo, por supuesto, no es exactamente el de cantar con este extraño y vacío sonido (aunque le puede ser útil a un actor de doblaje o cómico), por las mismas razones por las que no hacemos una posición de yoga en el autobús o en nuestro escritorio, hablando con un amigo o cliente. Varias asanas están diseñadas a ayudarte a aislar, estirar y liberar tanto el estrés físico como el mental, permitiéndo moverte en tu día de una manera más fluida y finalmente haciendo más fácil para ti que expreses tus sentimientos con poco o ningún compromiso.

No te preocupes si tu voz suena "bien" o no. Mantén la concentración en buena forma y asegúrate que no hayan signos de tensión en la zona de tu cuello. No queremos un juego de vencidas entre los músculos de arriba y abajo de la laringe. Liberar estrés interno y aislar *tono*, independientemente de la nota y registro, te permitirá tener una forma más fácil de acceder al sonido que deseas expresar cuando llegue el momento de cantar. Esto es claramente beneficioso en las notas agudas de inmediato, ya que requiere de más estiramiento de las cuerdas vocales. Es por eso también la razón de que muchos ejercicios similares a este son populares para trabajar en la dimensión del *rango*.

Otro importante aspecto para desarrollar aún más la dimensión del *tono* es la de cultivar la capacidad de "proyectar". Proyectar frecuencias dentro del instrumento vocal no debería de ser confundido con "belting", un término comúnmente usado para describir el uso intencional del registro de pecho más allá de su punto límite. Proyectar es cuando el espacio resonante del tracto vocal está "en tono" con la vibración de las cuerdas vocales, resultando en la amplificación natural del sonido.

Aunque la proyección es una habilidad esencial para los cantantes clásicos quienes deben de llevar sus voces por encima de la orquesta sin la necesidad de un micrófono, puede ser extremadamente beneficioso para cantantes no-clásicos también. Géneros de country, pop, alabanzas, rock, R&B, jazz y metal necesitan diferentes conductas vocales pero cualquier oportunidad para cantar en forma dinámica con el mínimo esfuerzo puede valer la pena en el largo plazo. Especialmente cuando estás intentando cantar con características fuera de equilibrio.

> *NOTA: Si decides cantar fuera de equilibrio, asegúrate de mantener tu instrumento (estar saludable) y rodear tus momentos de desequilibrio intencional (sea una sola nota o un set completo de canciones) con la mejor conducta vocal posible para poder cantar en un nivel consistente.*

Un desequilibrio común que frustra a muchos cantantes es tener un sonido "nasal". Hay dos tipos de nasalidad: Primero está la hipernasalidad, que es cuando demasiado aire pasa por las cavidades nasales, resultando en un sonido delgado y frágil. Segundo es la hiponasalidad, que es cuando nada de aire entra en las cavidades nasales, resultando un sonido más oscuro y similar al de una nariz congestionada. El paladar blando, ubicado en la parte posterior del techo de tu boca (separando la orofaringe de la nasofaringe), es la principal responsable de esta entrada de aire.

Normalmente, solo deseas un leve rastro de aire resonando en las cavidades nasales para agregar cierto brillo en la frecuencia, sin poner demasiada potencia en el sonido principal. Sin embargo, un poco de nasalidad se ha probado beneficioso en algunas voces y personalidades en todos los géneros. Idina Menzel (quien actuó como Elphaba en *Wicked* y Elsa en *Frozen*) es un gran ejemplo de esto. A pesar de la crítica que recibe por tener un timbre semi nasal, ha jugado un rol significante en distinguirla de otros buenos cantantes de Broadway.

No importa cuáles sean tus metas, mantener una consistente calidad de sonido en el gimnasio vocal es vital para el desarrollo a largo plazo. Esta regla se aplica a la mayoría de los ejercicios, sin importar de la posición de la laringe. Escuche los cambios de *tono* cuando calientes la voz o vocalices en general. Si te das cuenta de que el color de tu voz cambia inesperadamente, súbitamente o gradualmente, los músculos arriba de tu laringe pueden haber interferido en un intento de asistir con otras dimensiones como *respiración* o *entonación*. Entre más independiente se convierte el *tono*, más disponibles e intuitivas serán tus habilidades de expresar el significado de una canción.

Resumen de Tono

- *Tono* se refiere a la forma y calidad del sonido creado por el resonador del instrumento (tracto vocal).

- El sonido que usas para hablar y cantar es solo parcialmente determinado por tu ADN, la mayor parte se aprende con el tiempo.

- La calidad y característica de tu voz es lo que crea respuestas emocionales en tu audiencia.

- Cuando entrenes, el aprender a liberar los músculos arriba de la laringe, te ayudarán a hacerlos más disponibles para cantar.

- Coordinar los músculos usados para *tono* te ayudará a proyectar la voz.

- Tener un sonido único e identificable es usualmente algo bueno.

- Busca por consistencia en tu *tono* desde la nota más grave a la aguda.

Articulación: 6ta Dimensión

Capítulo VIII

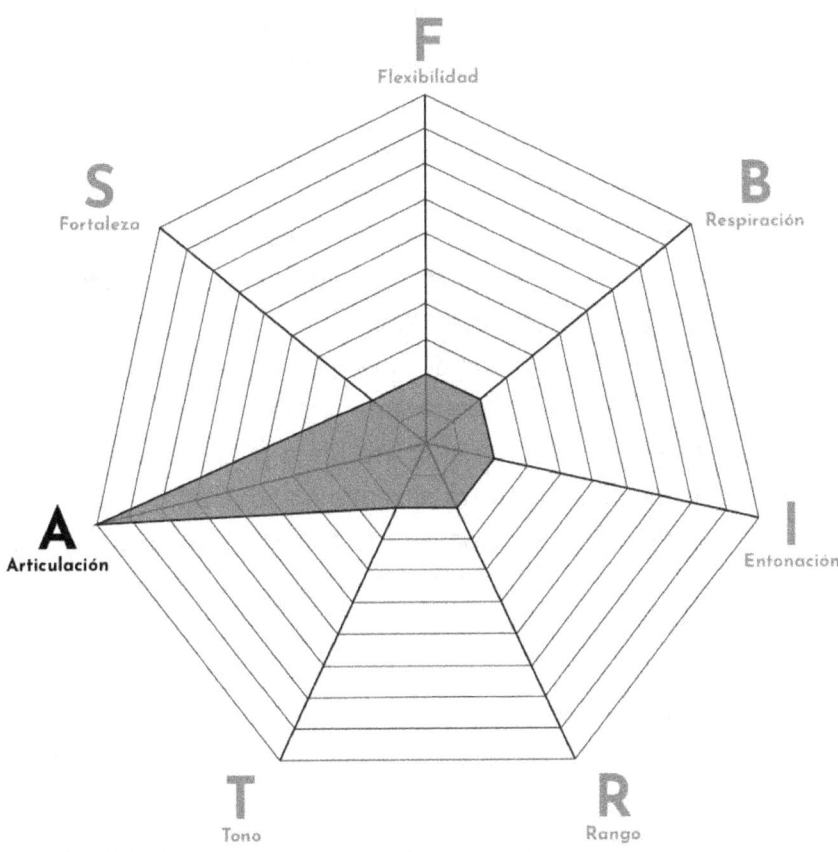

Articulación: Dicción

Entras en el Teatro Real de Ópera en Londres por primera vez. Un bello pasillo lleno de candelabros te da la bienvenida, a medida que buscas con emoción tu asiento y te acomodas para inundarte en los siglos de historia detrás de ese diseño, con ornamentos de oro, un techo en forma de domo y grabados mitológicos. A medida que la orquesta comienza a calentar, tus dedos pasan por el folleto de la presentación, leyendo sobre los artistas y un resumen de la ópera. Finalmente, las luces bajan en intensidad y la voz de una mujer brota por sobre el sonido de la orquesta, llenando el lugar con unos armónicos suaves y ricos y un vibrato que con delicadeza hace vibrar a todo tu cuerpo. A medida que el tema de entrada llega a su final, te encuentras completamente inmerso en el vuelo emocional del personaje, pero hay algo que falta.

Aunque estás casi al borde de las lágrimas por los primeros diez minutos del primer acto, lentamente te encuentras distraído y perdiendo el interés. Vuelves al folleto de la presentación tratando de entender qué es lo que está pasando en la historia. "Pensé que esto iba a ser cantado en español". Le susurras a la persona de al lado.

"Lo es". Él susurra de regreso.

Ups.

Aunque el valor de la dicción puede ser debatido en ser artísticamente relativo al estilo o género de un cantante, si los oyentes están distraídos al tratar de descifrar las palabras dentro de una melodía, ellos pueden perder la oportunidad en conectar con el cantante y la historia que se está contando, al mismo tiempo. En el escenario mencionado, la presencia vocal de la cantante de ópera fue muy bien ejecutado, pero la profundidad del detalle que se tenía que poner en la letra se perdió.

Es un evento común, donde el cantante sin darse cuenta, "secuestra" los músculos necesitados por una dimensión para asistir a otra. Por ejemplo, La *entonación* o *tono* de un cantante pueden subconscientemente ser una prioridad por sobre la dicción, la cual es la dimensión de *articulación*. Dado que esos músculos solo se pueden contraer en una dirección y estirar hasta cierto punto, cualquier músculo usado para una intención (o dimensión) tiene formas reducidas de estar disponible para otro. Estos desequilibrios son raramente por diseño y tienen una tendencia de escabullirse a largo plazo. Repetición no supervisada de mala posición vocal y práctica incorrecta, cuando recién comienzas a hablar o a cantar, son mayormente las culpables.

Tu escritura a mano está formada de la misma manera. Al principio, imitas como tus padres, hermanos, amigos o maestros sujetan una crayola. Luego comienzas a trazar letras y figuras para crear programas mentales que conectan a tus brazos, manos y dedos, mejorando tus habilidades motoras. Con el tiempo tus experiencias cultivadas de sujetar diferentes tipos y pesos de útiles de escritura en varias superficies, combinadas con la postura de tu cuerpo y otros comportamientos físicos, resultan en unos identificables garabatos propios. Aquellos que son familiares con los patrones únicos de tu escritura podrán reconocerla de inmediato, así como podrán hacerlo con los patrones únicos de tu voz.

Con el tiempo, los desequilibrios pueden llegar hasta tus comportamientos diarios. Por ejemplo, puedes tener el hábito de inclinarte pesadamente sobre tu muñeca al escribir, arriesgando legibilidad cuando una superficie no es lo suficientemente fuerte para soportar el peso de tu brazo. En esta analogía, piensa en la postura de tu cuerpo como una dimensión de *tono* y tu mano como *articulación*. Mientras más equilibrada está tu postura (*tono*), más fácil será para ti escribir (*articulación*) en cualquier superficie (melodía).

Entonces, ¿Cómo puedes superar estos desequilibrios? Una forma es de separar y practicar con cada sílaba, vocal o consonante dentro de la melodía de una canción. Este enfoque tedioso sin duda podría ayudar en el corto plazo, una canción a la vez, pero ¿qué hay de perfeccionar todos los desequilibrios en general? Para tener un efecto duradero, la conducta vocal tiene que ser abordada dentro de tu instrumento.

Una vez más, vamos a ver la mecánica vocal en su curso. Para *articulación*, hay considerablemente más músculos que configurar y coordinar que en cualquier otra dimensión, cada una con su forma única de contribuir en llevar palabras a la claridad. Vamos a dividirlas en tres grupos de músculos que los harán más fáciles de visualizar:

Articuladores de la lengua incluye la lengua (longitudinal superior, longitudinal inferior y transverso) y los músculos sujetados a la lengua: palatogloso, estilogloso, hiogloso, geniogloso y el genihioideo.

Articuladores de la mandíbula incluye los músculos depresores para masticar y mandibulares: temporal, masetero superficial y profundo, estilohioideo, digástrico, milohioideo, platisma y pterigoideo (no está mostrado).

Articuladores de los labios incluye los músculos orbiculares de los labios y los músculos de la expresión que lo rodean: elevador del ángulo de la boca, elevador del labio superior, cigomático mayor y menor, depresor inferior de los labios, depresor del ángulo de la boca, risorio, bucinador y el músculo borla del mentón.

La Técnica Throga

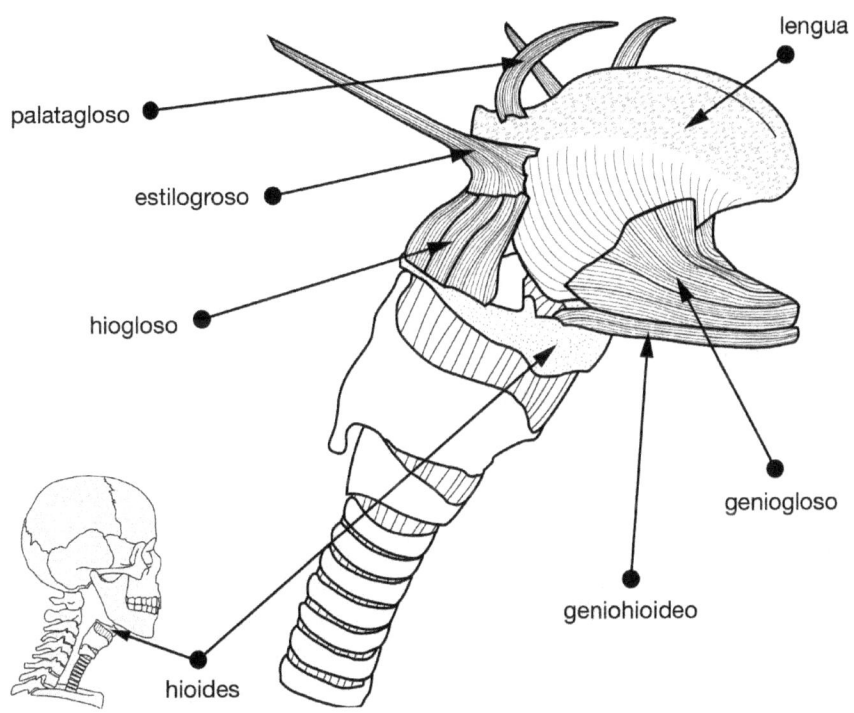

En el diagrama siguiente a esta página, observa como la laringe está suspendida de los músculos encima de ella. A medida que los articuladores se mueven, es natural para la laringe "flotar" hacia arriba y hacia abajo de la manera necesaria. Sin embargo, como habíamos cubierto en el Capítulo VII, *Tono: 5ta Dimensión*, envolvimiento innecesario o tensión de estos músculos (incluyendo la pared faríngea que no es mostrada aquí) puede llevar a tu instrumento fuera de equilibrio, reduciendo tu completa habilidad de hablar y cantar con intención.

Ya que la *articulación* comparte un buen terreno con la dimensión de *tono*, es mejor desarrollar independencia entre ambas dimensiones. De los tres grupos de músculos articuladores, la independencia de la lengua es la más influyente, ya que actúa como

7 Dimensiones del Canto

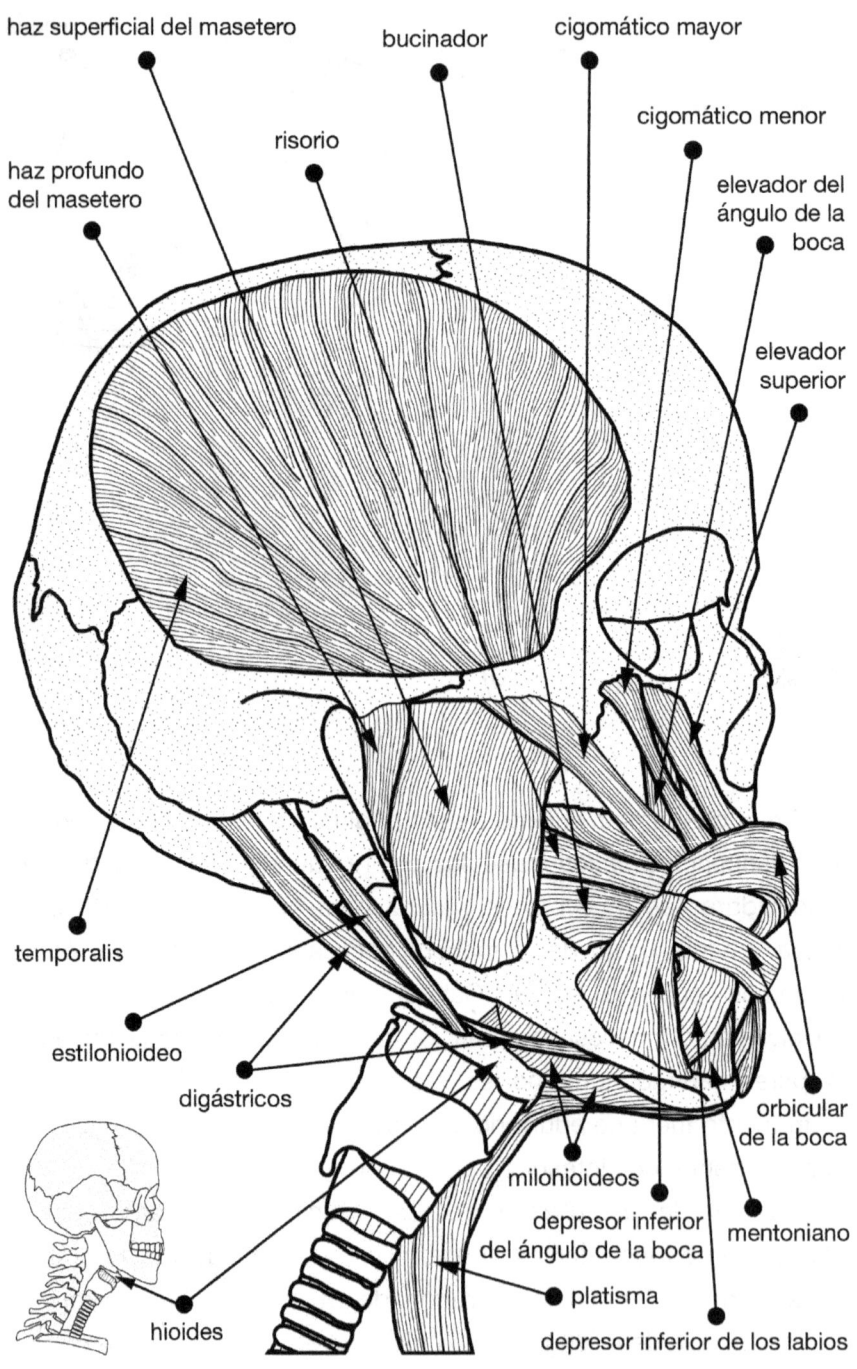

una pared frontal a los espacios faríngeos. Afortunadamente, la lengua está hecha de fibras musculares entrelazadas, que le permiten hacer más de una tarea y asistir con dos dimensiones a la vez. Esto es lo que nos permite hacer sorprendentes formas con la lengua, como moverla a los lados o doblarla por la mitad.

Para poner esto en términos prácticos, imagina que estás cantando una canción y llegues a una parte que requiere que la melodía vaya a un decrescendo (gradualmente bajar el volumen). Si fueras a mover tu lengua hacia la parte posterior de tu garganta, en un esfuerzo de cerrar parcialmente el canal de aire y controlar la presión de aire (que es lo que queremos evitar), posiblemente quedarías atascado en tener que decidir entre ajustar el sonido (*tono*) o para la palabra (*articulación*). Trabajar con los tres al mismo tiempo, es simplemente demasiado por cualquier periodo largo.

Una forma constructiva de coordinar tantos músculos a la misma vez y de desarrollar los matices posibles, es la de "jugar" con tu enfoque. Puedes hacer esto usando vocales (formantes) específicas y consonantes (distintivos) a la velocidad que rivalizan los trabalenguas que tal vez hayas aprendido cuando eras un niño. La meta será la de mantener el movimiento de los músculos articuladores receptivos y precisos, al mismo tiempo que te mantienes independiente de su dimensión vecina, *tono*.

Ejercicio de Articulación
(Escalas de multi-formante y distintivos a velocidad rápida)

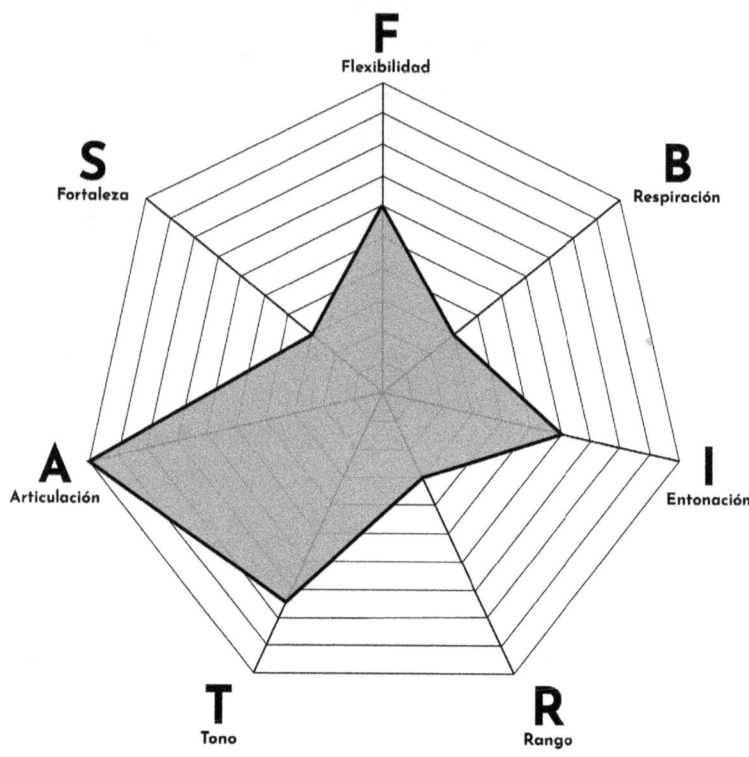

Para comenzar, rota a través de las cinco vocales: A, E, I, O, U. Escucha el audio de ejemplo del *Ejercicio de Articulación* en la sección 🔊 **Multimedia del Libro 7DS** o usa la tabla de guía en el Capítulo XII, *Mapa de Ejercicios Vocales*. Intenta decirlos claramente de principio y de regreso en este orden muchas veces: a, e, i, o, u, o, i, e, a.

Ahora agrega un prefijo (un distintivo antes de cada vocal), usando las otras letras del alfabeto. Puedes comenzar con "B" repitiendo Ba, Be, Bi, Bo, Bu, Bo, Bi, Be, Ba tan rápido como puedas, sin perder la claridad tanto en el formante como en su prefijo. Es un poco difícil al principio, pero una vez que puedas hacerlo, puedes aplicarlo a una simple escala de 5 notas en una escala mayor. El *Ejercicio de Articulación* se usa en la escala dos veces, primero dándote un momento para definir y practicar la coordinación necesaria, luego se duplica la velocidad. Una representación visual de los intervalos de este patrón se podría ser algo como esto: 1 - 2 - 3 - 4 - 5 - 4 - 3 - 2 - 1 2 3 4 5 4 3 2 1.

Después de cómodamente vocalizar con la "B" al rotar con las formantes, comienza a cambiar con los siguientes distintivos: B, D, F, G, H, J, K, L, M, N, Ñ, P, Q, R, S, T, V, W, X, Y, Z, CH y SH. Cada uno traerá sus propios retos, algunos más significativos que otros. Explorar cada distintivo te hará articular las 115 combinaciones entre vocales y consonantes que hay en el lenguaje español. Y eso no será fácil, pero valdrá la pena porque las usarás por el resto de tu vida. Para aquellos que cantan en otros idiomas, se recomienda pasar por los mismos formantes, pero cambiar los distintivos que reflejan el lenguaje que usan al cantar. Por ejemplo, si fueras a cantar en el lenguaje de Hawái, usarías las consonantes que se usan en el alfabeto hawaiano: H, K, L, M, N, P y W. De esta forma, todavía puedes tener una variedad de posiciones vocales (formantes) mientras desarrollas formas prácticas de claridad con las palabras que quieres usar al cantar.

De todas las dimensiones, esta es tal vez, la más obvia de desarrollar y conectar directamente con el canto. Después de todo, no necesitas ser un experto que te diga si tus palabras, sean cantadas o escritas a mano, son claras. De todas maneras, grabarte y escucharte a ti mismo puede revelar algunos desequilibrios sutiles que se te pueden haber pasado durante la práctica. Usar un espejo para monitorear los movimientos de tu cuello y rostro también te ayudará a tener más respuestas que te asistan en mejorar los beneficios de este ejercicio.

Cuando estés listo para pasar al siguiente reto, intenta combinar distintivos alternos. Mientras más similares sean los unos a los otros, más difícil será. Por ejemplo B/P (Ba, Pe, Bi, Po, Bu, Po, Bi, Pe, Ba) para trabajar en tus labios, D/T (Da, Te, Di, To, Du, To, Di, Te, Da) para trabajar en la punta de la lengua y G/K (Ga, Ke, Gui, Ko, Gu, Ko, Gui, Ke, Ga) para trabajar en la parte posterior de tu lengua.

También puedes subir el volumen, pero asegurate que tu posición vocal se mantenga. Subir la intensidad sin tener cuidado a la posición o coordinación vocal es como apretar con mucha fuerza el lápiz mientras escribes sin tener cuidado en tu postura o la superficie en la que estás escribiendo. Tal vez estés satisfaciendo tu agenda que pide emoción, pero corre el riesgo de perder otra capa de claridad. Por ejemplo, tu visión periférica ya le ha indicado a tu cerebro que algo emocionante o importante está a punto de expresarse, ya que éste párrafo termina ¡¡¡¡CON TODAS LAS LETRAS MAYÚSCULAS!!!! ¡¡¡¡Y CON UN EXCESO DE "!!!!" AL FINAL!!!!

Nota como el *tono* de tu voz en el ejemplo de arriba, aunque interno, fue procesado por tu mente en forma emocional, antes de que pudieras interpretar las letras en palabras y entender su significado. Esto es justo como la ópera que experimentamos al principio, donde tu mente inició respuestas emocionales, antes de que te dieras cuenta qué era lo que faltaba. No subestimes la independencia de los músculos relacionados con la *articulación*. Si solo los aceptas, la responsabilidad de tu administración de aire, frecuencia y timbre vocal pasarán sobre el actuador de tu instrumento, en una última súplica de arreglar el desequilibrio de otras dimensiones. Si se da por sentado, la responsabilidad del manejo de tu respiración, tono y el timbre vocal, sobre cargarás al actuador de tu instrumento al último momento para solucionar el desequilibrio de las otras dimensiones.

Resumen de Articulación

- La *articulación* se refiere a la coordinación e independencia de los músculos usados para la dicción.

- Usualmente sacrificado al cantar, esta dimensión agrega otra capa de narrativa y profundidad emocional.

- Los músculos relacionados con la *articulación* pueden ser divididos en tres grupos; lengua, labios y mandíbula.

- La *articulación* comparte terreno con la dimensión del tono, pero se centra en la afinación del sonido principal.

- Desarrollar independencia entre los músculos para la fonación y los músculos de la *articulación* es la clave para mejorar la dicción.

- Ejercicios de ritmo rápido que utilizan diferentes formantes y/o múltiples distintivos te ayudarán a trabajar en la *articulación*.

7 Dimensiones del Canto

Fortaleza: 7ma Dimensión

Capítulo IX

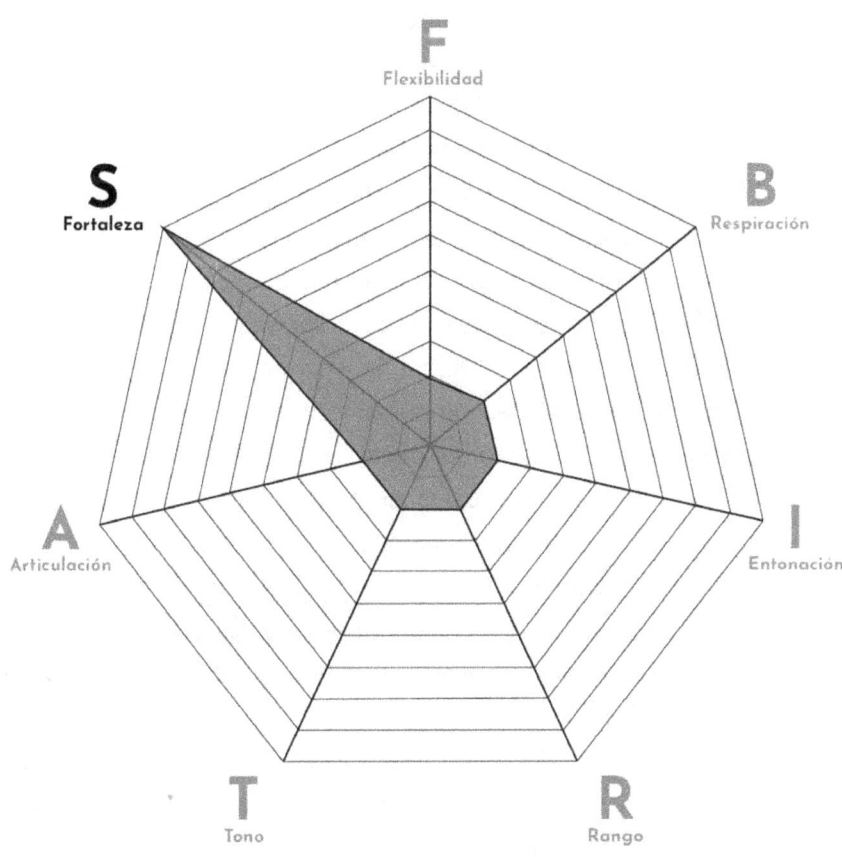

Fortaleza: Estabilidad de la voz

7 Dimensiones del Canto

En un capítulo anterior, hablamos sobre la dimensión del *rango*, representado por la velocidad de una bicicleta con la habilidad de uno al hacer los cambios. *Fortaleza*, nuestra última dimensión, sería como el poder tener control de la velocidad mientras estás pedaleando sobre diferentes niveles de inclinación, y por largas distancias. Tener un equilibrio eficiente de tensión mínima y presión en cada momento, sin importar qué tan accidentado sea el terreno, es lo que le permite a un ciclista experimentado pedalear por horas con un sentido de facilidad y consistencia.

Lo que nos referimos como *fortaleza* vocal, no debería ser percibido como una forma de medir poder. No olvidemos que usar un color "fuerte" en tus labios, algo como un naranja brillante no requiere más esfuerzo que aplicar un color más "débil" como un beige pálido. Ser ruidoso o forzar la voz no es exactamente lo mismo que tener la habilidad de cantar con *fortaleza*. La verdadera *fortaleza* vocal, en el contexto del canto, se deriva de tu habilidad de transmitir tus intenciones vocales en forma clara, relativas a una circunstancia, por un periodo de tiempo.

Para que los cantantes puedan cantar por horas, estabilidad y estamina son necesarias. En especial para aquellos que dependen de sus ganancias musicales. Alex un escritor y músico callejero de tiempo completo, es uno de ellos. Cada vez que el clima lo permite, Alex canta un sin fin de canciones en las calles; suavizando las arrugas de su voz, melodías y letras. Cuando no está en una presentación en un pub nocturno, se encuentra en el estudio escribiendo y trabajando en un nuevo material.

La entrega de Alex a su arte y su habilidad de aguantar vocalmente lo ha definido con los años. Parte de su régimen de entrenamiento giraba en torno a la flexibilidad, para minimizar la fatiga y la fuerza, para así apoyar una carrera de cantante día tras día, viajando de un país a otro. Eso también le ha ayudado a preparar su

La Técnica Throga

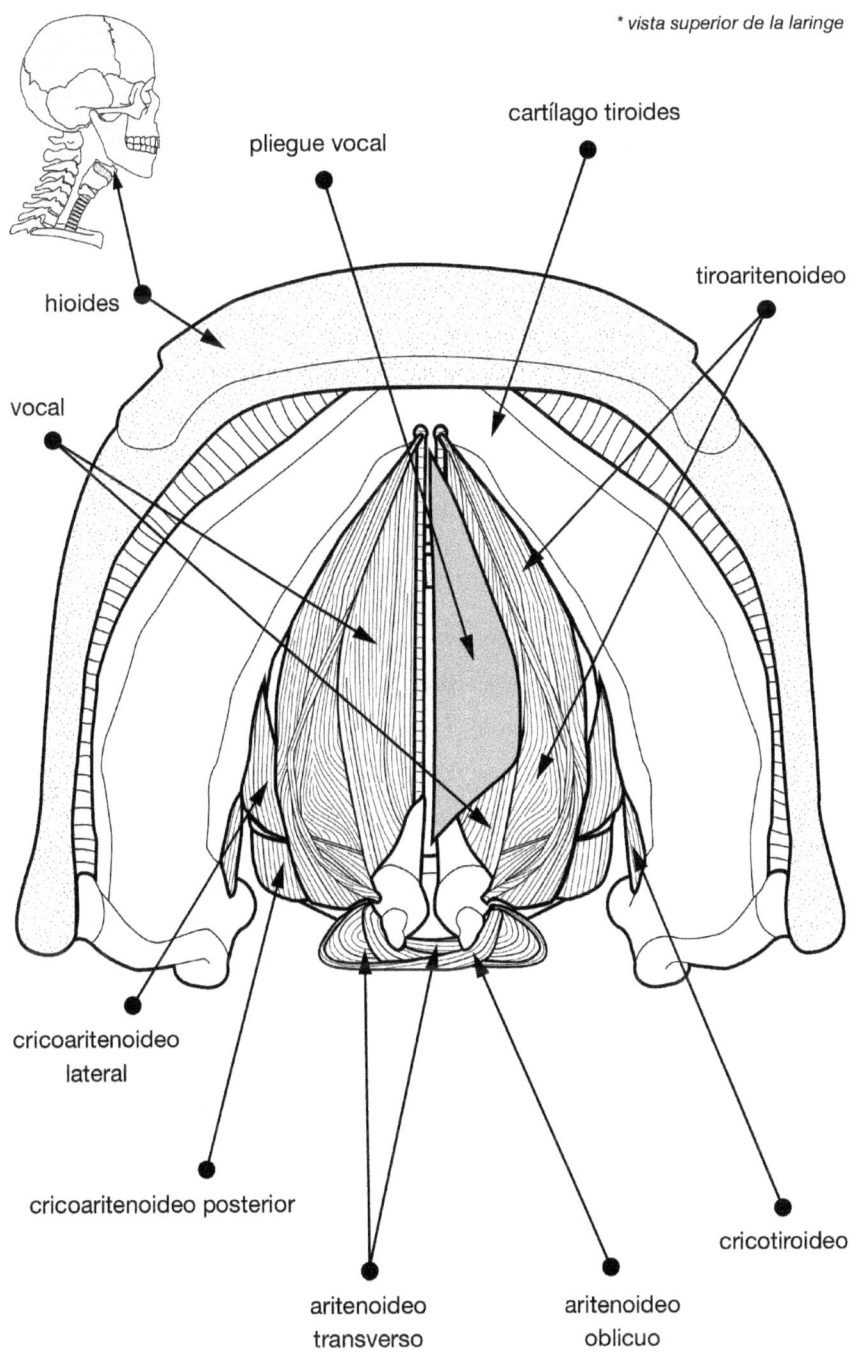

instrumento a sobrevivir ante la presión relacionada con estar en televisión en vivo, frente a millones de espectadores, llegando hasta las finales de *La Voz en Australia*.

Mecánicamente, las *7 Dimensiones del Canto* describen *fortaleza* como una coordinación, capacidad y estabilidad colectiva de los músculos intrínsecos de la laringe. Esto incluye los tiroaritenoideos (vocal) cricotiroideo y los músculos aritenoideos que son responsables por la aducción (transverso, lateral y oblicuo) y abducción (posterior). Una manera de trabajar con todos estos músculos al mismo tiempo es usando ejercicios de aumento de volumen, aislando una nota a la vez. El siguiente *Ejercicio de Fortaleza* explica exactamente cómo hacerlo.

> NOTA: Hay dos tipos de fibra muscular; fibras de contracción lenta (medidas por resistencia) que se encuentran en los músculos de la fonación, como los tiroaritenoideos, y las fibras de contracción rápida (medidas con fuerza) encontradas en los músculos de abducción, como en los aritenoideos transversales.

Ejercicio de Fortaleza
(Contando notas únicas con aumento de volumen)

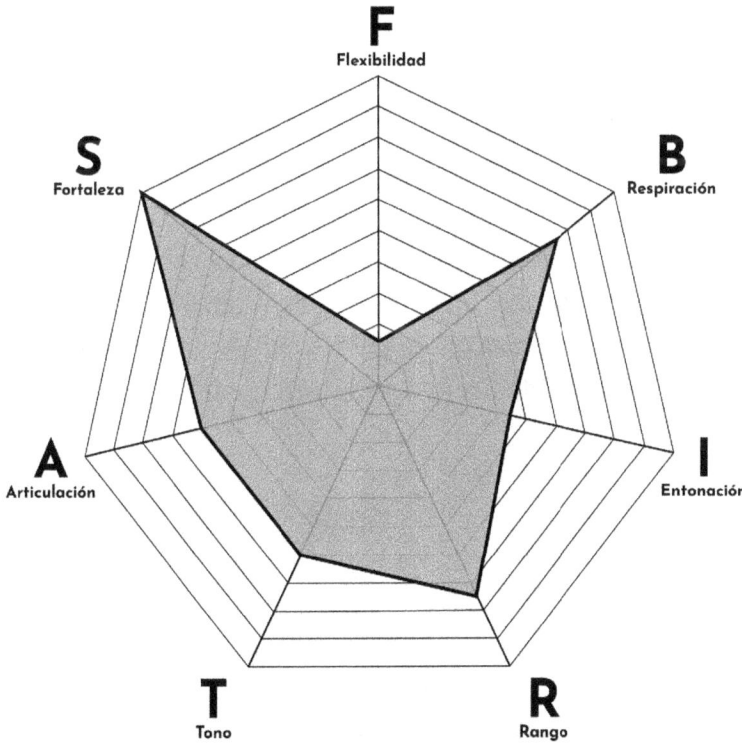

Vocalizar en una sola nota, sin tener que ajustar a múltiples velocidades de vibración nos ayudará a afinar la dimensión de la *fortaleza*. Para sacarle más provecho a la simplicidad de este patrón, podemos modificar el volumen (nivel del decibel) de forma deliberada, incrementando o reduciendo la presión subglótica. Este es un enfoque único comparado a la mayoría de los ejercicios, en los cuales nos esforzamos en mantener nuestro volumen constante. Sin embargo, aún necesitamos la pauta de mantener el volumen en forma intencional.

7 Dimensiones del Canto

Comienza con números, contando desde el uno al cinco y luego regresa otra vez, para dividir y medir los volúmenes relativos (Como se demuestra en el "audio de ejemplo" de *fortaleza* dentro de la sección 🔊 **Multimedia del libro 7DS**). Volumen "1" será tan bajo en intensidad como puedas, manteniendo un *tono* claro y con la nota elegida. Volumen "2" será un poco más alto en la misma nota, volumen "3" será más fuerte, y así sucesivamente. Volumen "5" tiene que ser tan intenso como te sea posible DE BUENA FORMA (*Pautas de Throga*). No debería haber señales de tensión o una calidad de sonido comprometida. La siguiente gráfica describe nuestra meta, la cual es de delinear una diferencia audible entre cada volumen, al mismo tiempo que mantienes la intensidad igual para cada volumen en la forma ascendente como en la descendente.

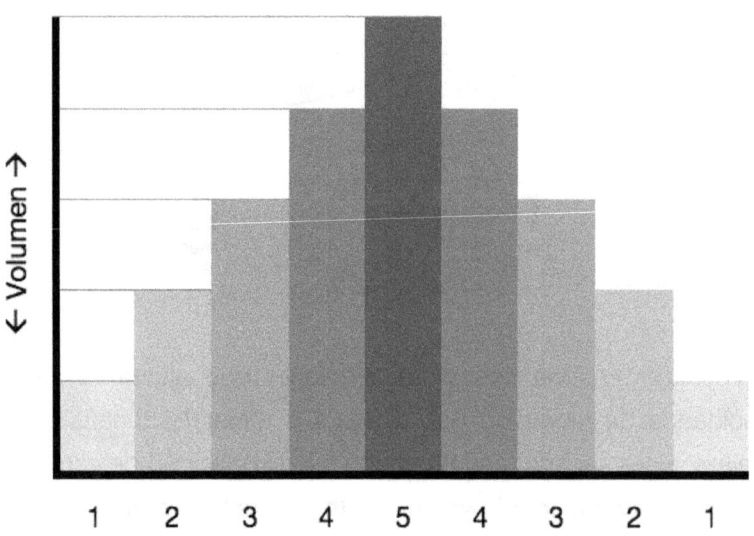

Antes de que saltes al ejercicio, será provechoso entender que cada nota que explores resultará en una medida de decibel diferente. Aunque el volumen "1" se mantenga constante desde tu nota más grave a las más aguda, Volumen "2" hasta el "5" se extenderán en forma relativa a la frecuencia, espacio acústico y la cantidad de presión de aire se aplica.

Para ilustrar este punto, intentemos un breve experimento. Imagina que Alex se encuentra parado muy lejos de ti, cantando en el otro lado de la calle, y que quieres llamar su atención exclamando su nombre. En vez de hacerlo en una frecuencia aleatoria, tómate un momento para encontrar la nota más grave que puedas cantar sin lastimarte.

¿La tienes?

Ahora intenta exclamar "¡Alex!" en la misma nota

No es tan fácil, ¿verdad?

La razón por la que subimos la nota en forma intuitiva cuando queremos alcanzar intensidades de volumen más fuerte, es que las frecuencias sólo pueden ser amplificadas en un espacio lo suficientemente grandes para hacerlo. Es por eso que los instrumentos que producen notas graves como una tuba o violonchelo tienen resonadores más grandes que instrumentos que tocan notas más agudas como una trompeta o el violín.

Este ejercicio se convierte en todo un reto en el área donde el volumen "1" está en tu registro de cabeza (cuerdas vocales delgadas) y cuando el volumen "5" se encuentra en tu registro de pecho (cuerdas vocales gruesas). En la misma manera como los patrones de un glissando pueden enfocar al passaggio al deslizar de arriba hacia abajo con un volumen consistente, un simple patrón puede hacerlo también deslizando el volumen de arriba hacia abajo con una nota consistente.

Ahora, siempre y cuando estés hidratado y hayas tomado el suficiente tiempo para calentar tu voz, intenta vocalizar con el *Ejercicio de Fortaleza* usando el "audio de práctica" en la sección 🔊 **Multimedia del Libro 7DS**. Como puedes ver en la barra gráfica 7DS de este ejercicio, que resalta las dimensiones enfocadas, hay mucho con qué trabajar. Pero no se puede cuestionar el valor ganado al tener el control de tu volumen, independiente de las notas, por todo tu *rango*. Imagina la libertad de poder expresarte y que coincide con el poder cantar cualquier nota, con cualquier vocal, a cualquier volumen.

Ahora que ya estás listo para profundizar y optimizar el nivel de dificultad que ofrecen los ejercicios de aumento de volumen, puedes reemplazar los números por la formante "a". Al quitar los distintivos que estaban siendo usados en los números (Como la N en la letra "uno" y la D en "dos"), más control de aire y estabilidad de las cuerdas vocales será necesario. Además, podrás gradualmente incrementar y reducir tu volumen (crescendo y decrescendo) sin saltar de un decibel a otro, lo cual aumentará el desarrollo de *rango*.

Esta variación es como aprender de manera impecable a hacer los cambios en tu bicicleta mientras pedaleas cuesta arriba, y luego hacer los cambios necesarios de la misma manera, cuando regresas (en vez de solo estar apretando los frenos constantemente y gastarlos). Una gráfica de volumen para esta versión alternativa se verá similar a esto:

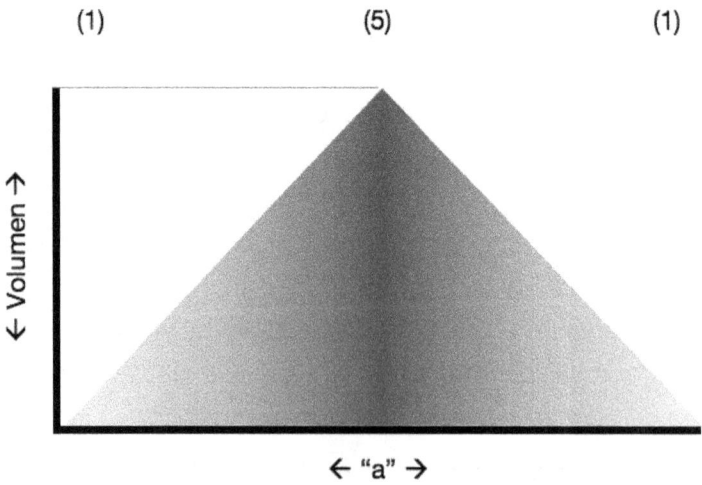

Lastimosamente, *fortaleza* es una dimensión que muchos cantantes solo aceptan. Claro, hasta que llegan a estar en algún ambiente que los pone en una "prueba de fuego". Esto podría pasar cuando estés cantando la voz principal de una presentación musical escolar, estés en un rol de prueba en algún musical de Broadway, te conviertas en el director de coro de una iglesia, te vas a una gira nacional de conciertos, tengas presentaciones siete noches a la semana en un crucero, enseñes en un salón repleto de estudiantes por todo el año, grabes un álbum musical completo o tengas una presentación televisiva. Aquellos que descuidan esta dimensión (sea intencional o no), tendrán una tendencia a enfermarse, tener fatiga vocal muy rápida, desmoronarse emocionalmente, tener presentaciones inconsistentes y algunas veces perder la oportunidad que se les presenta.

Para resumir, una voz fuerte es una voz consistente. Con un poco de equilibrio, impulso y el deseo de practicar, cantar puede ser tan fácil como manejar una bicicleta. Si quieres cruzar con tu bicicleta bajo tormentas, hacia lo alto de una montaña o competir en largas distancias, tener equilibrio de las siete dimensiones te llevará hasta la meta final.

Resumen de Fortaleza

- *Fortaleza* se refiere a la estabilidad general y estamina de los músculos intrínsecos de la laringe.

- No veas a *fortaleza* como una forma de medir la potencia vocal o fuerza. Más bien, la consistencia de ejecutar las intenciones vocales bajo cualquier circunstancia.

- Notas únicas enfocan *fortaleza* porque no requieren que las cuerdas vocales se estiren en forma continua a varios niveles.

- Modificar intencionalmente el volumen por todo tu *rango* creará retos y desarrollará la *fortaleza*.

- Notas más graves son más difíciles de proyectar que las notas agudas porque requieren de una resonador más grande (tracto vocal).

- Los cantantes usualmente se descuidan al no perfeccionar esta dimensión hasta que la oportunidad llega, lo cual puede ser muy costoso. ¡Así que comienza a desarrollar esta dimensión ahora!

7DS en el Escenario

Capítulo X

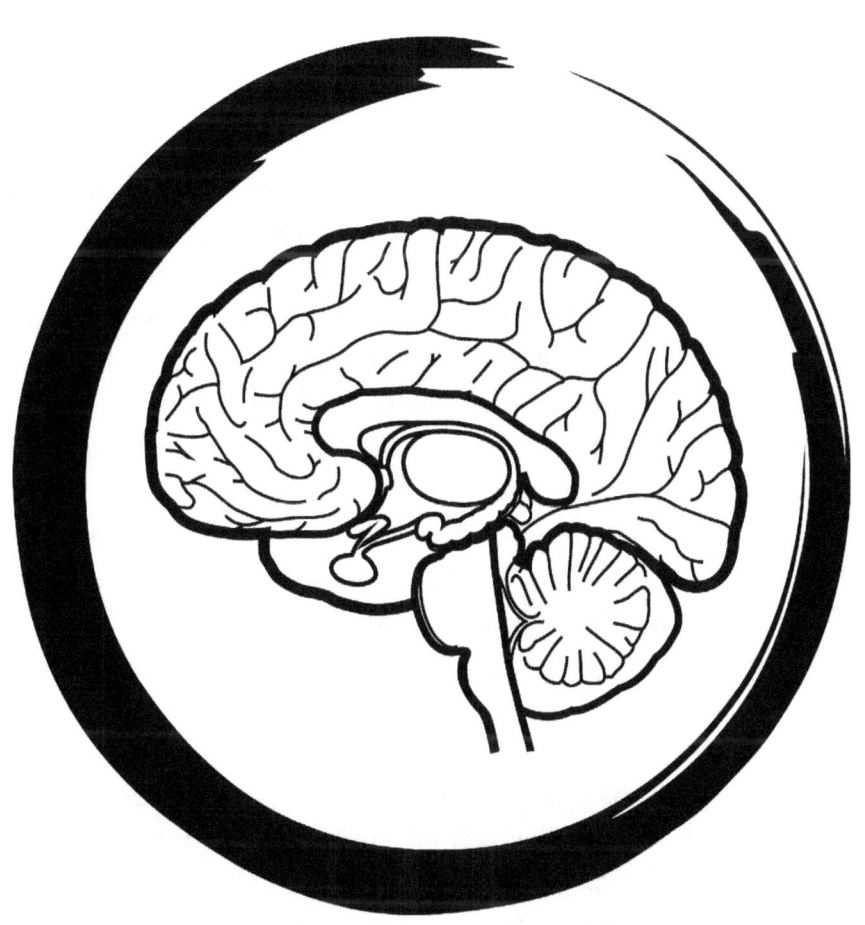

> *"Todo el mundo es un escenario, y todos los hombres y mujeres no son más que actores."*
>
> **- William Shakespeare** (1564 - 1616)

Ahora que hemos analizado cada dimensión bajo lupa, es hora de dar un paso atrás y ver cómo ellas pueden juntarse colectivamente frente a nuestros ojos. Como hemos aprendido, las siete dimensiones coexisten cada vez que fonamos, sin importar de dónde estemos, quién nos pueda oír o qué tipo de sonido sea. Entonces, ¿Cómo podemos separar el concepto del gimnasio vocal del escenario? ¿Práctica de presentación? ¿Ejercicio de arte?

Con solo un pensamiento.

Si el gimnasio vocal está a sólo un pensamiento de distancia, así también lo está el escenario. Una persona no necesita de estar en un podio o un auditorio para cantar, de la misma manera como una persona no necesita estar sujetando un micrófono para experimentar el pánico escénico. El escenario, al igual que el gimnasio vocal, no tiene una dirección física. Es un estado de la mente.

A lo largo de los años, se han realizado varios estudios sobre la interactividad de la música con el cerebro utilizando máquinas de resonancia magnética funcional (fMRI). Estas máquinas que ofrecen neuro imágenes, usan la tecnología que les da su mismo nombre para medir la actividad en el cerebro detectando cambios en el flujo de la sangre. Cuando alguien recién comienza a aprender un nuevo instrumento, la máquina de Resonancia magnética muestra la corteza prefrontal, ubicada en la parte frontal del cerebro, iluminándose claramente a medida que el individuo conscientemente procesa y calcula el qué hacer y cómo hacerlo.

En un estudio particular, un excelente pianista de jazz fue monitoreado cuando improvisaba una pieza musical en un teclado especial libre de hierro. (Para evitar que se destruyera debido al enorme campo magnético causado por la máquina). Aquí, los resultados mostraban que la corteza prefrontal, normalmente asignada para planear, tener consciencia propia y racionalización, se opacó bastante. Sin embargo, las otras áreas del cerebro que están asociadas con emociones, motivación, memoria a largo plazo y habilidades motoras, brillaron como juegos pirotécnicos.

Verás, sin tener que sucumbir a las preocupaciones y aceptaciones sociales, los músicos (incluyendo los cantantes) pueden expresarse sin restricciones y tocar como ellos "sienten" cuando interpretan una canción. Después de todo, la última cosa en la que quieres estar pensando en una presentación es la posición de tu laringe, la tensión en las cuerdas vocales y cuanto aire necesitarás para la siguiente línea que sigue.

En la siguiente sección, *Canto Consciente*, nos adentraremos un poco más profundo en la madriguera de conejo que es el cerebro del cantante. Allí, descubriremos que si cambiamos nuestra mentalidad, podemos cambiar nuestra manera de cantar.

Canto Consciente

El subconsciente de la mente es una base de datos de experiencias personales y programas. Tu usas estos programas para poder funcionar en tu vida cotidiana, incluyendo las acciones y procesos con relación al canto. La mente consciente (corteza prefrontal) es solo capaz de trabajar con unas cuantas cosas a la vez, y no siempre exitosamente. El subconsciente (distribuido en muchas partes del cerebro), por otro lado, puede procesar millones de pedazos de información en forma simultánea con una ejecución impecable.

La razón de esto es simple; el subconsciente no puede tomar decisiones racionales o contemplar dilemas morales, separando bien del mal o correcto e incorrecto. Solo puede tomar información, guardarla y repetirla. En otras palabras, no hay un sistema de filtro que pudiera hacerlo más lento o potencialmente crear errores. Estos programas son las que llevan nuestras acciones, a las cuales hemos nombrado habilidades.

Puesto que tú, tu parte consciente, no puede consultar con tu subconsciente, los programas que has cultivado y salvado para hablar y cantar ejecutarán tu conducta en forma automática, tal y como tus programas para patear un balón, montar una bicicleta o escribir tu nombre, lo harán. El reto aquí es que sólo puedes estar consciente hasta cierto punto. Así que, si no fuera por las sorprendentes habilidades de repetición del subconsciente, apenas podrías abrir tu boca y gemir, y mucho menos decir una oración completa o tararear una melodía. La pregunta entonces es, "¿Cómo puede un cantante con una conducta incorrecta que es ejecutada por su subconsciente, cambiar su programación para poder cantar mejor?"

Tú ya sabes la respuesta por supuesto. Se te ha sugerido una y otra vez desde que eras un niño, y aún más recientemente a través de este libro. La respuesta es practicar. Eso puede sonar muy simple y obvio, pero repetir una nueva conducta en forma consciente va a literalmente reescribir los programas salvados en tu subconsciente, no importa qué tan complejo o incrustado ellos puedan estar. El poder de la repetición mental reescribirá tu historia, tus creencias y finalmente, tu voz.

Para los cantantes profesionales, se necesitan habilidades muy bien equilibradas son necesarias para mantener una carrera. Desafortunadamente, nunca faltan circunstancias inesperadas y muchas veces nada favorables en las cuales el cantante tiene que depender únicamente de su subconsciente y que tan profundamente esté programado. Katy Perry tuvo que luchar contra las lágrimas al recibir noticias sobre su divorcio, solo momentos antes de subir al escenario durante su gira California Dreams. Luciano Pavarotti cantó en Baja, California en frente de 35,000 personas en medio de un resfriado con alta fiebre. Los Beatles se presentaron en el Estadio de Shea en 1965 sin monitores para poder escucharse a ellos mismos por encima de los gritos de sus fans. Fue después de incontables horas de práctica y una conducta equilibrada que le permitió a estos cantantes a alcanzar y hasta superar las expectativas de la audiencia, a pesar de los disturbios emocionales, físicos o técnicos que tuvieron que pasar.

No hay duda que crear conductas positivas te permitirán ejecutar tus necesidades mecánicas en piloto automático. Sin embargo, la condición y salud de tu mente y tu cuerpo influenciarán grandemente tu rendimiento. Cómo vivas tu vida, lo que comes, cuánto duermas, cómo hables y cómo pienses de ti mismo, todo influirá. Por ejemplo, si no consumes la nutrición apropiada, tu cuerpo puede comenzar a funcionar mal, causando un efecto dominó negativo en tu sistema inmune, niveles de hidratación, tejido muscular y así sucesivamente.

En el mismo aspecto, si piensas de ti que eres un mal cantante (mente consciente), entonces eso también causará un efecto expansivo y negativo en tu cuerpo, causando tensión y mala administración de los comportamientos de tu instrumento. Si repites la creencia o el pensamiento de tener una incapacidad para cantar con la suficiente frecuencia, tu subconsciente escribirá programas que lo respalden, lo que hace que sea aún más difícil lograr cualquier aspiración vocal que puedas tener.

Recuerda, tu subconsciente no está haciendo nada mal aquí. Está simplemente repitiendo lo que tú has descargado en él. Si no te gustan los programas que se están repitiendo, entonces tienes que descargar nueva información. De esta forma, lo que parece ser "normal" o "natural" en este momento, puede cambiar a un nuevo sentimiento de familiaridad y comodidad. Entonces ya no estarás bajo la ilusión hipnótica de haber nacido mal cantante o víctima de circunstancias genéticas.

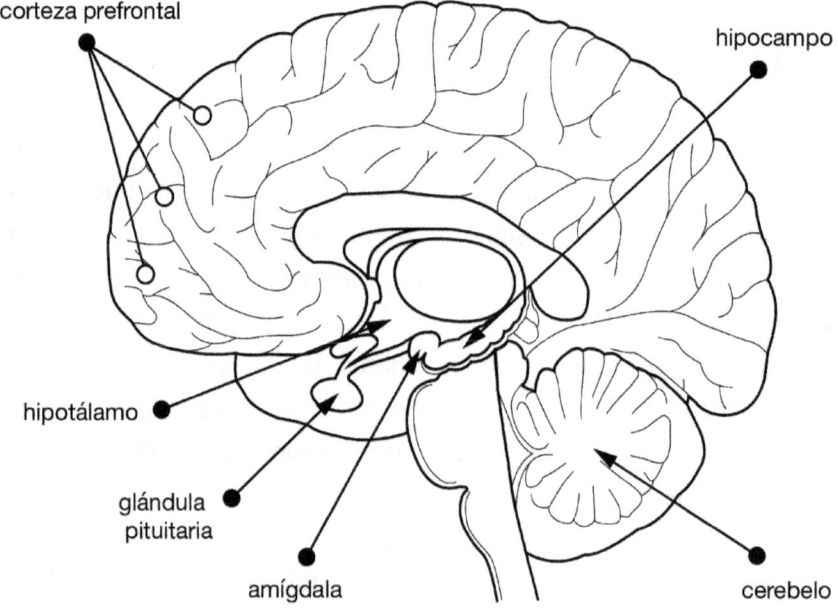

El canto, no tan sorprendentemente requiere de más partes de tu cerebro que cualquier otra actividad física. Se necesita una armonía de intención consciente y programación subconsciente para vocalizar en el gimnasio vocal. Y aunque esto puede ser técnicamente suficiente a través de una canción, es la influencia de tus emociones, derivada del sistema límbico y la mente inconsciente, lo que da vida a una canción.

El sistema límbico administra tu programación pre racional (la mente inconsciente), la cual consiste en operaciones emocionales, reguladas y de protección. . Las estructuras del cerebro asociadas con estas funciones incluyen el hipotálamo (que regula la producción hormonal por la glándula pituitaria y funciones como sed, *respiración*, estado de ánimo, respuesta al dolor, niveles de placer, deseo sexual y ritmo circadiano), el hipocampo (convierte la memoria a corto plazo en memoria de largo plazo), la amígdala (regula una variedad de emociones junto a nuestras respuestas de "huir" o "pelear") y muchas otras áreas cercanas. En forma colectiva, ellos pueden liberar una gama de instrucciones de reflejo al cuerpo, enriqueciéndolo con endorfinas y químicos tales como la adrenalina, oxitocina y dopamina, en respuesta al cantar y cómo percibes todo lo que te rodea.

Para tomar ventaja de lo que este sistema puede ofrecer con tus deseos artísticos y expresivos, debes darle a tu inconsciencia una parte equilibrada de tu vulnerabilidad. Ya que la mente inconsciente recibe y filtra toda la información antes de que la mente consciente pueda revisarla, está programado que las señales de reflejo puedan tener un impacto abrumador en tu voz cuando cantes. Si las señales son muy fuertes, perderás el control de tu *respiración*, tonos y demás. De la manera opuesta, si censuras demasiado la información recibida, entonces tu desempeño puede verse desconectado y débil.

Afortunadamente, tu mente inconsciente y sus aparentes habilidades impenetrables, preprogramadas y muy bien conectadas también son vulnerables. De hecho, meditación mental ha sido usada para anular programación de la inconsciencia por años. Maestros de yoga lo usan para controlar sus funciones automáticas del cuerpo para sanarse y buscar un "estado más alto de la conciencia". Actores de método lo hacen para entrenar las reacciones de sus cuerpos y así reflejar los rasgos del personaje en vez de los suyos. Clavadistas lo hacen para bajar su velocidad cardiaca y temperatura corporal para reducir el uso de oxígeno al lanzarse de clavado. Por supuesto, tú no necesitas aguantar la *respiración* bajo el agua por diez minutos para poder cantar una canción. Solo necesitas bajar las luces de tu corteza prefrontal, sentarte cómodamente y disfrutar de los fuegos artificiales.

Pero ¿Cómo puedes hacer eso? ¿Cómo puedes crear una relación armoniosa entre la mente consciente, subconsciente e inconsciente mientras en forma simultánea cantas una canción? La respuesta es mucho menos compleja de lo que una persona creería; deja que la letra te guíe.

Piensa en la letra de una canción en forma de una meditación guiada. La meditación guiada es cuando un instructor guía a un oyente a través de diferentes puntos de autoconciencia, paso a paso. Las imágenes y diversas formas de movimiento a menudo se utilizan como un medio para aquietar la conciencia y animar otros aspectos de la mente. Las letras nos ofrecen la misma oportunidad. Invitan al cantante a reaccionar ante la connotación de las palabras que se cantan aprovechando las experiencias y la programación de su propia vida.

Para facilitar este concepto de mejor manera, elige una canción en la que te gustaría trabajar e imprime la letra de la canción con suficiente espacio para que puedas escribir por encima de cada línea. Luego, lee cada línea mientras consideras el estado de ánimo de la melodía y la canción, para interpretar qué emoción o emociones sientes que deberían ser retratadas . Luego, escribe esas mismas emociones arriba de la letra respectiva en todo un verso. Algunas canciones pueden solo repetir la palabra "felicidad", mientras que otras canciones pueden cambiar de felicidad a esperanza, a nostalgia, a desesperación y de vuelta a felicidad solo en la primera estrofa (verso). Al final, verás cómo esta guía meditativa y escrita a mano puede transformar palabras en un significado más allá de la mímica.

Cada canción nueva tendrá una voz diferente que te llevará a un camino diferente. Si cede a sus susurros direccionales, atacarán una gran variedad de actividades emocionales dentro de ti, lo que te permitirá lluvia de respuestas inconscientes e innatas. Estas respuestas producirán ajustes únicos en tu respiración, volumen, matiz, avance, postura, vibrato, fraseo, tonos, tensiones musculares y liberaciones en todo tu cuerpo y en tu canto, tal como lo haces cuando hablas "desde el corazón". Cuanto más honesta y auténtica sea tu entrega, será más probable que tu público pueda experimentar una inconsciencia compartida, amplificando exponencialmente la intención emocional de la canción.

"La gente olvidará lo que dijiste, la gente olvidará lo que hiciste, pero la gente nunca olvidará cómo los hiciste sentir."

- Maya Angelou (1928 - 2014)

Está en tu naturaleza humana el querer sentirte contigo mismo y de buscar otras personas que piensen y sientan igual que tú. Si tú puedes activar gozo, admiración o familiaridad dentro de la programación de alguien más, como sugiere Maya, ellos te conectarán a ti y a tu voz a esa sensación, convirtiendo un recuerdo de corto plazo a un recuerdo de largo plazo. De ser un admirador por un momento, a ser un fan para toda la vida.

Resumen 7DS en el Escenario

- El escenario no es una ubicación física; es un estado de la mente, como el gimnasio vocal.

- Usas una combinación de tu mentalidad consciente, subconsciente e inconsciente para cantar y vocalizar.

- La mente consciente es tu conocimiento y planeamiento, la mente subconsciente es una base de datos de información guardada y comportamientos aprendidos, y la mente inconsciente se refiere a tus respuestas emocionales de huir o pelear.

- La repetición de un pensamiento o acción reescribe la programación del subconsciente con el tiempo.

- La vulnerabilidad es esencial para expresarte a ti mismo y conectar con otros.

- La letra de una canción debería ser usada como la guía de un cantante para expresar de forma exacta la intención emocional de una canción.

Diagnóstico y Soluciones

Capítulo XI

¿Estás listo para revelar qué dimensiones debes desarrollar para poder expresar hábilmente tus intenciones emocionales? Para esto, debemos de salir del gimnasio vocal e ir al escenario. Sí, finalmente puedes cantar algo, donde ya no se aplican las reglas descritas en las *Pautas de Throga*.

Primero, encuentra un lugar que sea lo más privado posible, como tu habitación o automóvil, para que puedas reducir cualquier interrupción que te haga sentir avergonzado. Luego, elige una canción de la cual te sepas muy bien la letra, para que puedas cantarla a capella (sin música de fondo) con los ojos cerrados, y concéntrate en su significado. Puede ser algo que escribiste, una canción country, una canción pop, opera, una canción de Rock, un popurrí, un himno o hasta una canción de cuna. Solo elige algo que tu sepas, sin importar que tan bien crees que lo llegues a hacer.

¿Elegiste una?

Adelante, cántala.

¿Cómo se sintió? ¿Usaste la letra como una guía emocional? ¿Hubo algunas restricciones o limitaciones en tu habilidad de expresar la canción de la manera como te la imaginaste? Si fue así, lee la siguiente guía de diagnósticos para que muestren cuáles dimensiones pueden haber estado fuera de equilibrio:

Haz ejercicios de FLEXIBILIDAD si:
- la calidad de tu voz suena cansada o fatigada
- tu voz no está respondiendo rápidamente a tus intenciones
- tu voz se rompe en el passaggio inusualmente a menudo

Haz ejercicios de RESPIRACIÓN si:
- tienes problemas para sostener notas largas o frases
- sientes que tienes que inhalar en partes inoportunas de una canción
- te escuchas dejando salir demasiado aire sin que esa sea tu intención

Haz ejercicios de ENTONACIÓN si:
- no puedes igualar las notas que deseas cantar
- te deslizas dentro y fuera de las notas sin que esa sea tu intención
- tienes problemas en recordarte de la melodía (o armonía)

Haz ejercicios de RANGO si:
- tu voz se rompe entre los registros a varios niveles de volumen
- sientes y/o escuchas tensión o presión en notas agudas
- no puedes cantar las notas más graves o agudas de una canción

Haz ejercicios de TONO si:
- el sonido de tu voz no es igual al que buscas
- la calidad de sonido que tienes no es consistente en toda la canción
- el sonido no es generalmente placentero para tu oído

Haz ejercicios de ARTICULACIÓN si:
- las palabras que estás cantando no son claras para que se entiendan
- sientes tensión en tu lengua o regiones de la mandíbula
- modificas las vocales sin que esa sea tu intención (formantes)

Haz ejercicios de FORTALEZA si:
- tienes problemas en subir o bajar el volumen cuando lo deseas
- tu voz suena generalmente inestable o sin consistencia
- notas signos de fatiga aún después de calentar la voz

Ahora que tienes una idea de qué síntoma está relacionado con qué dimensión, intenta cantar la misma canción de nuevo. Si puedes hacerlo, grábate cantando (con tu celular está bien), para que puedas escucharlo después. Ten en cuenta que no estamos buscando cambiar como cantamos durante este ejercicio de diagnóstico. Solo estamos observando.

La observación de nuestra voz a través de los lentes 7DS enfocará tu vista a las dimensiones en las que debes de trabajar. Para ser claros, no queremos pensar en las siete dimensiones del canto cuando al fin estamos cantando una canción. Cualquier síntoma de desequilibrio que salga a flote en el escenario (cantando con letra) puede ser usado en forma inversa trabajando en las dimensiones que deben ser usadas en el gimnasio vocal. De esta manera, podemos experimentar cómo una canción siendo el centro de atención puede y afectará todas las canciones futuras al traernos más conciencia en cómo cantarla.

Soluciones Dentro y Fuera del Escenario

La mejor forma de cantar viene cuando puedes exitosamente aplicar tus habilidades programadas e interpretar una canción con emoción en vez de algo mecánico. Permitir que el matiz de tus tendencias naturales y de tus rasgos de personalidad se filtren en tu estilo vocal y tu entrega, puede prevenir un sonido muy tenso o artificial. Por ejemplo, si Adele decidiera cantar una canción originalmente cantada por Rihanna, ella ni siquiera consideraría imitar el estilo vocal de Rihanna o el uso de su tono y posiblemente cambiaría la nota principal de la canción o producción. Si la imitara, crearía confusión en la mente de los oyentes de Adele sobre quién es ella como artista y podría arriesgarse a una separación emocional entre ella y sus fans.

En otro escenario, puedes estar actuando a algún personaje, tal y como lo es Jean Valjean o Fantine en el musical de Los Miserables. Aquí, tu director o productor puede que te pidan actuar con un acento o moverte en cierta postura que no es realmente la tuya. Cambiar la autenticidad de quién eres como un individuo no quiere decir que no puedas conectar con la intención emocional del rol. Es cuestión de permitir al sistema límbico que florezca estando aún conscientemente presente en las líneas del libreto de una canción o un personaje.

Sin importar las restricciones relacionadas del género o personaje, si no puedes expresar la letra y la melodía como te imaginas (o como esperan de ti), puedes aplicar tu conocimiento 7DS directamente a las canciones en las que estás trabajando "dentro" o "fuera" del escenario. Trabajar en una dimensión "dentro" del escenario se refiere a los arreglos de corto plazo en los parámetros de una canción o en tu entrega vocal. Estas son soluciones TEMPORALES en un esfuerzo de poder cantar de forma dinámica y astutamente posible, bajo las condiciones presentes y la programación disponible.

Trabajar en una dimensión "fuera" del escenario se refiere a traer la melodía de una canción al gimnasio vocal al reemplazar la letra (gatillos emocionales) con un ejercicio relevante. Eliminar la letra no solo desensibilizará la melodía para revelar sus huesos musicales; iluminará el respaldo de la corteza prefrontal con un foco en detalles como el tono, el volumen y el formante para un desarrollo más globalizado, beneficiando tus objetivos a largo plazo y tus futuras actuaciones.

Intenta aplicar ambas soluciones "dentro" y "fuera" del escenario para cada una de las siguientes dimensiones que deseas mejorar. Idealmente, solo tendrás que usar una solución sugerida a la vez para hacer una diferencia notoria a tu desempeño vocal. Sin embargo, asegúrate de quitar cualquier solución "dentro del escenario" de tu práctica diaria para que así puedas seguir creciendo. Muchas de estas sugerencias beneficiarán múltiples dimensiones, no solo a la que se puede enumerar. Por esta razón, han sido categorizadas en relación con la dimensión, y no en un orden particular:

Soluciones para Flexibilidad

EN EL ESCENARIO: Si crees que la *flexibilidad* es un problema, lo primero que tienes que revisar es la salud general de tu instrumento: Si has dormido muy poco, toma una siesta; si estás deshidratado, bebe agua; si aún no has calentado, hazlo. Dicho esto, aquí hay algunas cosas que puedes hacer para acomodar tu condición actual y tus habilidades disponibles para un desempeño inmediato:

- Mantén tu cuerpo en movimiento para ayudar a neutralizar tensión general, aún si estás parado en un área detrás del micrófono.

- Haz ejercicios simples orientados a la flexibilidad para estirar las cuerdas vocales entre las canciones y durante las partes instrumentales lejos del micrófono.

- Temporalmente cierra las vocales (formantes) muy levemente para poder crear más presión posterior, permitiendo que las cuerdas vocales respondan mejor.

- Si es posible, baja la nota de una canción para hacer las notas agudas más accesibles. Esto puede requerir modificaciones adicionales de la melodía en las notas graves.

FUERA DEL ESCENARIO: Aplicando las *Pautas de Throga*, trae la melodía de tu canción al gimnasio vocal siguiendo sus patrones de notas y fraseo, en lugar de una escala tradicional. Para trabajar en *flexibilidad*, podemos vocalizar una canción entera con un trino de labios en vez de la letra. Un trino de labios es un sonido de "brrr" que tal vez has escuchado cuando imitamos el sonido de un auto o un bote. El cierre de los labios en contra del aire que es liberado provee mucha resistencia posterior, haciendo más fácil que las cuerdas vocales se estiren y vibren más rápido. Si no puedes hacer un trino de labios, intenta sostener la "rr" o con un una "m".

Soluciones para Respiración

EN EL ESCENARIO: Mala administración del flujo de aire es el culpable común de un pobre desempeño vocal. Sin embargo, si te das cuenta de que tu *respiración* solo parece estar fuera de equilibrio cuando cantas frente a otras personas, es probable que experimente una forma de ansiedad relacionada con el rendimiento. Estrés en la mente se manifestará en el cuerpo, muchas veces interrumpiendo el flujo natural de la *respiración*. Ejercicios básicos de meditación antes de una presentación son una muy buena forma de ayudar a tu mente a relajarse, pero una vez que estás en el escenario, intenta una o más de estas soluciones temporales para recuperar tu equilibrio:

- Conscientemente inhala por tu nariz, cada vez que el espacio de una melodía te lo permita, para ayudar a calmar la mente y mantener tu diafragma activo.

- Canta con un *tono* claro, cuando sea apropiado, para evitar sonidos airosos o desequilibrados, lo cuales siempre requieren aire demás.

- Si eres muy activo en el escenario, reduce el movimiento de tu cuerpo para no perder tu reserva de oxígeno, pero evita quedarte completamente quieto ya que puede traer tensión durante un fraseo rápido.

- Cuando sea permitido, ajusta el tempo (tiempo) de la canción para poder asistir el ritmo de tu *respiración*: Sube la velocidad si estás teniendo problemas con largas y lentas melodías, o reduce su velocidad si no puedes recuperar el aliento.

FUERA DEL ESCENARIO: En este ejercicio de reemplazamiento de letra, podemos tomar prestado directamente del Capítulo IV, *Respiración: 2da Dimensión*, al reemplazar las sílabas de cada palabra y cambiarla con un "Ji". El reto es mantener un volumen consistente, calidad y duración de cada "Ji" desde el inicio hasta el fin de la frase. Asegúrate de inhalar solo en los espacios en los que normalmente lo harías cuando cantas la canción. También puedes modificar el nivel de dificultad subiendo y bajando el volumen.

Soluciones para Entonación

EN EL ESCENARIO: Si dependes de poder escucharte a ti mismo para poder cantar afinado, entonces vas a tener muchas presentaciones decepcionantes a futuro. La razón de esto es que el ambiente de un escenario raras veces se acomoda como en los ensayos o cuando cantas a solas. Por supuesto, un escenario acústicamente equilibrado es ideal, pero depender en gran medida de los monitores de piso o los de oídos significa que tu respuesta se basa en el milisegundo en el que escuchas a tu voz resonar en vez del momento exacto cuando creas el sonido. Toma tiempo en desarrollarse este sentido de la confianza dentro de tu instrumento. Mientras tanto, prueba estas soluciones para el escenario:

- Simplifica la melodía o melisma (series rápidas de notas en un solo formante) si los intervalos melódicos son muy complicados o resultan en selecciones de notas indefinidas.

- Ajusta el estilo de una canción para intencionalmente deslizar o doblar las notas cuando y donde sean apropiadas.

- Usa tapones auriculares o ajusta los monitores para que puedas escuchar las notas que estás cantando en forma más clara y puedas hacer las modificaciones necesarias.

- Introduce o invita vibrato adicional para ayudar a reducir la tensión y disfrazar momentos de desafinación dentro de la melodía.

FUERA DEL ESCENARIO: Para canciones relativamente lentas, intenta reemplazar las palabras con el "Zumbido Pulsante" usado en el Capítulo V, *Entonación: 3ra Dimensión*. Para canciones con un tempo más rápido, aplica un legato con el "Zumbido" enlazando las notas de una melodía juntas sin tener que desplazarte de una a la otra. Una vez más, asegúrate de mentalmente regresar al gimnasio vocal durante este proceso y quitar cualquier aspecto emocional de tu entrega vocal. De esta forma, podrás practicar de una manera más precisa el poder ejecutar las notas correctas al reescribir los programas subconscientes cuando cantes.

Soluciones para Rango

EN EL ESCENARIO: No tengas miedo de adaptarte a una melodía o nota de una canción para acomodar a tu voz. Una nota "alta" es solo relativa a la nota "baja" que habita dentro de una pieza musical. Por ejemplo, si solo pudieras cantar por encima de un "Do5" en toda una canción, la audiencia rápidamente quedaría entumecida con el hecho de que estarías cantando notas "altas" todo el tiempo. Sin embargo, si cantaras dos octavas debajo de esa nota en la primera mitad de la canción y luego solo subir hasta "Do4" en el puente de la canción, el contraste capturaría la atención de la audiencia al verse como una nota "alta". Esto es similar a despertar a las dos de la mañana y ser enceguecido por la luz del baño, que es lo suficientemente brillante para poder ver la etiqueta del shampoo como si fuese de día. El poder de la relatividad es una herramienta esencial en la entrega de un desempeño dinámico y memorable, sin importar el *rango* de notas que tengas disponibles. Intenta las siguientes soluciones a corto plazo para tomar ventaja de la canción que tengas a la mano:

- Aumenta o disminuye el volumen (presión de aire) para poder colocar estratégicamente las notas en el passaggio y permitir que la voz se "rompa" entre los registros cuándo y dónde sea apropiado.

- Conscientemente reduce la tensión del cuello y evita buscar o llegar hacia arriba en relación con la nota "aguda", la cual tiene una tendencia de usar más esfuerzo del necesario.

- Cambia solo las notas de la melodía con las que estás teniendo problemas, sean graves, agudas o en medio del passaggio.

- Si las circunstancias lo permiten, ajusta el nota de la canción hacia arriba o hacia abajo para que las notas de la melodía a lo largo de la canción sean más accesibles.

FUERA DEL ESCENARIO: Aquí, podemos trabajar en incrementar el *rango* para las presentaciones a futuro tomando ventaja de las posiciones bajas de la laringe como fueron descritas en el ejercicio de *tono*. En este escenario, queremos hacer el reemplazo lírico "Mom" con una postura de laringe baja por toda la melodía. La "M" combinada con la formante "o" es elegida para hacer el acceso a notas agudas más fácil y poder navegar a través del passaggio, ofreciendo un modelo de tensión mínima (no un modelo de *tono*), que es la que finalmente queremos para poder cantar.

Soluciones para Tono

EN EL ESCENARIO: Ya que tu audiencia responderá en forma intuitiva a tu *tono* antes de que se procese el significado de tus palabras, es mejor cantar de la manera más auténtica posible, conectado a la guía emocional de la letra. Si estás teniendo problemas para hacer esta conexión, intenta aplicar estas soluciones dentro del escenario:

- Exagera la intención emocional de la letra para que la entrega general de la canción más dinámica.

- Deliberadamente modifica las texturas del *tono* (Su "color", claridad, aire liberado, raspor, etc.) para dominar o mejorar el sonido en un esfuerzo de hacerlo más interesante.

- Incrementa o reduce la presión de aire para activar nuevos sobretonos dentro de tu instrumento.

- Si es relevante, ajusta que la forma cómo sujetas el micrófono y la distancia de éste a tu boca, para capturar y manipular el sonido de tu voz.

FUERA DEL ESCENARIO: Para la solución fuera del escenario, puedes intentar un ejercicio "de exploración", en vez de un ejercicio de reemplazo de la letra. Para hacer esto, tienes que entregar la canción con una intención emocional radicalmente fuera de lugar. Si es una canción triste, canta la misma melodía tan feliz como puedas. Si es una canción tranquila, cántala de la manera más enojada e intensa que puedas. El objetivo es disipar cualquier límite programado que puedas o no puedas expresar dentro de una melodía. Aquí puedes explorar muchos estilos, matices o incluso marcas de tu metafórico maquillaje exterior fuera del gimnasio vocal, dándote permiso para jugar y ser intrépidamente creativo. Después de permitirte romper las reglas, reconecta la intención original de la canción y puede que la encuentres más fácil de cantar con la convicción que tanto deseas.

Soluciones para Articulación

EN EL ESCENARIO: Si recuerdas, nuestros articuladores vocales son en forma colectiva, uno de nuestros cuatro elementos fundamentales que hacen nuestro instrumento. Sin importar en el lenguaje en el que estás cantando, si no puedes hacer que tus palabras sean comprensibles e independientes de una nota, volumen y *tono*, intenta estas soluciones temporales:

- Exagera las palabras, particularmente las consonantes, las cuales te ayudarán a contar la historia y asistirán en definir la melodía.

- Simplifica el *tono* para que puedas reducir cualquier tensión vocal y minimizar el posible sobreuso de los músculos articuladores.

- Utiliza más el lenguaje muscular y las expresiones faciales para contar la historia de la canción, la cual también te ayudará a mantener a la audiencia interesada y conectada.

- Cuando sea permitido, reduce el tempo de la canción, para ayudar con la *articulación* de las palabras y ofrecer más oportunidad para enunciar con más claridad.

FUERA DEL ESCENARIO: Nos podemos concentrar en la independencia entre la lengua y los músculos de la mandíbula, haciendo un ejercicio de reemplazo de letra con "La" y "Ga". Muévete entre estos dos sonidos para cada sílaba nueva y cambio de nota. La dificultad será relativa en qué tan bien puedas mantener la mandíbula en una posición relajada con la "a" (debería haber un espacio para la punta de dos dedos entre los dientes, como referencia). También, la punta de la lengua debería caer hacia adelante y tocar con suavidad tu labio inferior, con la excepción de una "L" normalmente posicionada. Esto quiere decir que la parte posterior de la lengua tendrá que estirarse y levantarse para formar una "G" sin interrumpir la parte frontal. Usar un espejo para monitorear estas posturas inusuales te ayudará a acelerar el proceso de coordinación.

Soluciones para Fortaleza

EN EL ESCENARIO: La estamina y estabilidad de tu voz será probada en presentaciones largas noche tras noche con circunstancias extremas tales como estar enfermo, enfrentar malas condiciones de escenario o altos niveles de estrés. Si tu voz no está resistiendo, sé consciente de cuánto la usas y cómo la mantienes, antes de cada presentación, y no tengas vergüenza en decirle a tus amigos y familiares que quieres comunicarte con ellos por mensajes de texto (especialmente en ambientes de alto sonido). Si es relevante, también puedes considerar ser estratégico con tu set de canciones (El orden y la elección de canciones).

- Baja el volumen, donde y cuando puedas dentro de la melodía, para ahorrar *fortaleza* y deja que el micrófono trabaje para ti.

- Intencionalmente salta de un registro vocal a otro cuando sea apropiado, aminorando tensión y fatiga.

- Modifica o simplifica tu *tono* de voz para que puedas disfrazar o evitar inestabilidades vocales.

- Cuando sea posible extiende la sección instrumental y usa a coristas (o incluso tu audiencia) durante partes fuertes y repetitivas de una canción para ayudar el ir y venir de tu voz.

FUERA DEL ESCENARIO: Muy similar a lo que hicimos con nuestro ejercicio de *respiración* fuera del escenario, podemos trabajar en *fortaleza* reemplazando cada sílaba y cambio de nota con una claro y fuerte "Ah". El incremento de presión de aire y el formante abierto requerirán una gran cantidad de estabilidad vocal, estamina y administración de aire. Recuerda aplicar todas las *Pautas de Throga* para ayudarte a estar en un buen estado vocal, haciendo que el ejercicio sea más eficiente para la programación subconsciente y beneficiosa para tu cantar, más allá de la canción.

Si no puedes cantar esta o cualquier otra canción con una sensación general de facilidad, aun después de constante práctica y explorando diferentes soluciones sugeridas, lo mejor sería cantar una canción diferente. Particularmente si es para una audición o presentación cercana. Esto no significa que debas rendirte y nunca volver a cantarla; es posible que no sea adecuada para resaltarte a ti y a tu instrumento en este momento. Mientras tanto, todavía puedes practicarla por diversión y como un desafío en tu desarrollo personal.

Errores en el Escenario

Una vez que te sientas en confianza con tus canciones elegidas y estás ensayando para el escenario, todavía hay una cosa más por la cual prepararse; cómo manejar los errores. Cuando los errores pasan en el escenario, y pasarán, tu respuesta inmediata debería ser convencer a tu audiencia que el error fue intencional. Si te olvidas la letra, crea una nueva, si se te pasa una nota, alcanza la nota correcta. Si tu voz se quiebra, hazla sonar con sentimiento. En otras palabras, no dejes que los oyentes sepan que cometiste un error en primer lugar. Deja que tus expresiones faciales, lenguaje corporal y entrega vocal continua aparenten que aquellas difíciles decisiones fueron unas que tú quisiste compartir con ellos, y no que necesitaste hacer en respuesta a distracciones de ambiente, conducta vocal fuera de equilibrio o programas en progreso.

Tu objetivo no es de ser perfecto. Tu objetivo es la de provocar emoción a tus oyentes. Esto es, por definición, lo que hace el canto una forma de arte, en vez de un ejercicio de habilidad. Si el error es demasiado grande para esconder, como caerte del escenario o cantar una canción diferente a la de la banda, ¡solo ríete! Esto le dará a tu audiencia permiso para disfrutar de aquel momento de vulnerabilidad contigo, en vez de sentirse avergonzados por ti. Desde allí, guíalos de regreso a la intención original de la canción lo más pronto posible. Intentar esconder o negar "una metida de pata" en el escenario, solo traerá más atención a ello.

Esta relación entre la mente y el arte es fascinante. Toma otro medio, como la pintura. Si preguntaras a alguien si le gusta la pintura que acabas de hacer, él podría hacer un comentario genuino de lo bello que es, lo que le hace sentir, resaltar un color o movimiento de pincel que llama su atención y felicitarte en el éxito de tu visión. Sin embargo, si tuvieras que mostrarle a la misma persona, la misma pintura y decirle que todavía no ha terminado con ella; ella te bombardeará con opiniones sobre tus opciones de color, tema, perspectiva, profundidad de sombreado, atención a los detalles y demás.

Esta persona no está siendo de mal espíritu o muy crítico. Él está respondiendo a la secuencia natural de los permisos mentales que se ponen en movimiento; buscando el qué, cómo y por qué algo necesita cambiar para ser finalizado. Su descontento es una respuesta a la tuya. La realidad es que, tu audiencia aceptará lo que sea que le presentes como una versión final. Si es que se llega a alinear con la pre-programación, o "gusto", ellos se aferrarán a ti y te elogiarán. Así que, aunque cantes la canción como originalmente lo querías o no, no es relevante. Permite que el "error" sea parte de tu arte y permite a tu persona y a tu audiencia, disfrutarlo.

Estos errores, desequilibrios vocales y otras experiencias en el escenario, jugarán un rol importante en tu desarrollo general, te ayudarán a descubrir desequilibrios dimensionales que podrían estar ocultos en las sombras de tu programación dominante. En el siguiente capítulo, *Mapa de Ejercicios Vocales*, exploraremos en cómo crear y personalizar los ejercicios para afinar tu instrumento.

Resumen de Diagnóstico y Soluciones

- Las *Pautas de Throga* no se aplican cuando se canta una canción.

- Cuando diagnostiques tu voz, pon atención sin interrupción, para que puedas identificar qué dimensión o dimensiones necesitas mejorar.

- Adapta la canción que le caiga mejor a tu voz cuando y donde sea posible, para que así resalte las características vocales únicas de tu voz.

- Para trabajar en específicas y difíciles canciones, trae la melodía de una canción al gimnasio vocal reemplazando la letra con un distintivo y formante apropiado.

- Tu objetivo cuando cantes no es de ser "perfecto"; es de provocar una respuesta emocional.

- Haz de los "errores" parte de tu presentación.

- Los errores son necesarios para crecer como cantante y artista.

Mapa de Ejercicios Vocales
Capítulo XII

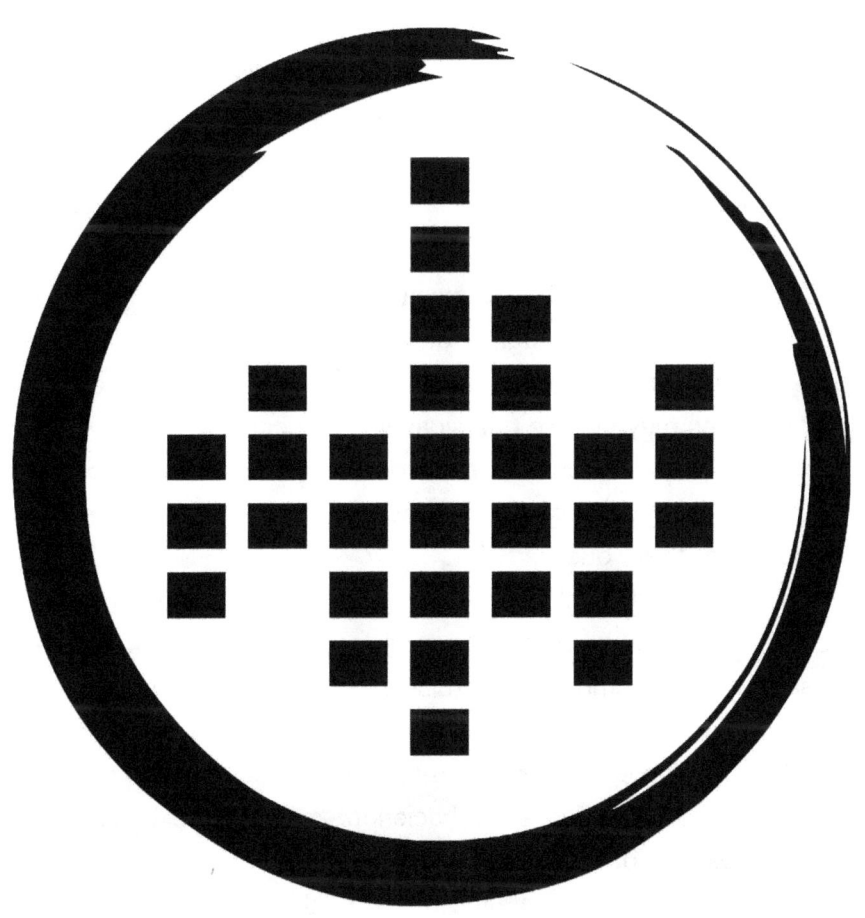

¿Alguna vez has pensado, "Cuáles serán los componentes se necesitan para crear un ejercicio vocal?"

¿No?

Bueno, no eres el único. Pocos se han aventurado en trazar un mapa de esto. No porque no tenga relevancia para el desarrollo vocal, sino porque nuestro cuerpo nos capacita para aceptar lo que se presenta, en lugar de cuestionarlo. Esto es muy común cuando somos jóvenes y nuestras mentes son muy fáciles de impresionar, creando una trayectoria de conducta que llevamos hasta ser adultos.

Digamos, por ejemplo, que estás tomando una clase de alto nivel para mejorar tus cualidades culinarias como un repostero. Después de una probada a la masa de tus galletas con chispas de chocolate, el instructor sugiere que le agregues más sal de la que está indicada en la receta. Puesto que el instructor es un chef de renombre, es muy posible que sigas su instrucción sin pensarlo dos veces. Después de todo, él sabe de lo que está hablando y los resultados serán probablemente espectaculares. Pero qué pasaría si preguntaras, "¿Por qué?".

¿Qué efecto tiene el agregar más de este ingrediente a diferencia de los otros? ¿Cómo puedo alterar el proceso culinario, la textura y el sabor? Y más importante, ¿Qué pasa cuando vas a casa y lo intentas por ti mismo?; ¿Sabrás entonces cuándo y cuánta sal tendrás que agregar a otras recetas? Estos son los tipos de preguntas que deberías estar haciendo, más allá de lo que está siendo presentado.

Para convertirte en un Chef maestro, debes de conocer todos los componentes de una receta y cómo ellos interactúan para conseguir el resultado que estás buscando en forma constante. De esta manera, no solo perfeccionarás el arte de hacer galletas con chispas de chocolate, podrás aplicar ese conocimiento y experiencia para perfeccionar otras recetas también. Entender los componentes de un ejercicio vocal te dará el mismo tipo de exactitud en el gimnasio vocal. De esa manera, mejorando tu habilidad de modificar y adaptarse a las condiciones e intenciones del momento para conseguir los resultados deseados.

El valor nutricional total en cualquier receta puede ser medido por el total colectivo de sus grasas, proteínas, carbohidratos, calorías, vitaminas, fibras, etcétera. Los ejercicios vocales también, pueden ser divididos en componentes (ingredientes) usando la siguiente fórmula:

Formante + *Distintivo + Patrón + Volumen + Tempo + *Variable = Ejercicio Vocal

*Distintivo y variable son componentes opcionales, dependiendo en cómo quieres que el ejercicio te beneficie. Por ejemplo, quitar el distintivo de un ejercicio sería como quitarla las chispas de chocolate a tu receta. Todavía es una galleta, pero con una modificación que resultará en una cantidad muy diferente de nutrientes, cambiando en cómo alimenta y da equilibrio a las necesidades de tu cuerpo. De hecho, que necesitaría un nuevo nombre: galleta de azúcar.

Los totales nutricionales de un ejercicio vocal pueden ser medidos por cuanto afectan *flexibilidad*, *respiración*, *entonación*, *rango*, *tono*, *articulación* y *fortaleza*. Ya has visto esto en acción con los diagramas gráficos 7DS mostrados en cada ejercicio por capítulo, ilustrando el total de cuánto cada dimensión beneficiaria las necesidades de tu voz.

Por supuesto, no todos quieren ser un Chef maestro. Algunos solo disfrutan comiendo. ¡Y eso está bien, también! Aquí, en nuestra cocina vocal, estamos a punto de analizar los componentes de un ejercicio. Esto es clave para aquellos de ustedes que son maestros o tienen curiosidad sobre cómo los ejercicios pueden ser sistemáticamente divididos, amplificando tu habilidad de hacer los ajustes correctos dentro de tu práctica y la práctica de otros.

Sin embargo, para muchos cantantes, esta información puede ser percibida como un "extra". Un Postre, si así se puede decir. Si te sientes repleto, ten la libertad de seguir al siguiente capítulo para oficialmente comenzar un nuevo viaje con Throga. Siempre puedes regresar a este capítulo cuando tengas hambre por más.

"Al bajar al abismo recuperamos los tesoros de la vida. Donde tropieces, allí yace tu tesoro."

- Joseph Campbell (1904 - 1987)

Los siguientes diagramas muestran cómo una de las siete dimensiones es aislada, en relación con un componente elegido. Este es tu mapa para saber cuál componente debería ser usado para construir o mejorar un ejercicio. Cuando todas de las seis piezas de tu mapa están unidas, serán revelados los totales dimensionales, o la "X" si es que X es donde tu tesoro para mejorar está escondido, recuerda los mapas de tesoros solo te llevaran a la cercanía de la ubicación; todavía tienes que cavar unos cuantos hoyos, más profundos para desenterrar tu recompensa.

Cuando elijas un componente desde estos diagramas, recuerda que cada dimensión está mecánicamente activa, al menos hasta cierto grado. Esto quiere decir que cada selección que hagas tendrá un impacto en los totales de la dimensión, creando una nueva asignatura para entrenar. Mientras más oscuro sea la sombra del color gris, más será afectada la dimensión correspondiente:

← menos   más →

Para trazar un ejercicio, elige uno de cada componente y súmalos, tal y como la fórmula lo describe (Formante + Distintivo + Patrón + Volumen + Tempo + Variable = "**X**"). Por ejemplo, si estuvieras en la cocina y quisieras una galleta con más proteína en ella, escogerías los ingredientes que te llevaran a esa meta. De la misma manera, cuando estás en el gimnasio vocal y quieres concentrarte en más *fortaleza*, deberías escoger uno o más componentes que corresponden a esa meta. Sin embargo, hay un gran valor en medir tu desarrollo, para poder construir un cimiento vocal sólido. Una sombra más clara de gris en una dimensión, combinada con muchas otras, pueden todavía ser todo un desafío y esencial para tu crecimiento.

Un recordatorio para todos aquellos de ustedes que tienen experiencia con ejercicios vocales; cada ejercicio que has hecho (en buena forma vocal) ha sido beneficioso para ti en alguna forma. Lo que está siendo presentado aquí es el entendimiento de CÓMO son beneficiosos, así ofreciendo más claridad en qué puede cambiar, si no es que todo, en tu práctica para que sigas progresando.

Formante

	F	B	I	R	T	A	S
trino de labios (como en "brr")	■	▣				▣	
m (como en "mm")	■		▢	▢	▢	▣	
ng (como en "sing")	■		▢	▢	▢	▣	
z (como un zumbido)	▢	■	▣	▣	▢	■	▢
ei	▢	■	▢	▢	▣	▣	▢
i	▣	▢	▢	▢	▢	▢	▢
a	▢	▣	▣	▣	▣	▢	▣
ou	▢	▣	▢	▣	▣	▣	▢
u	▣	▢	▢	▣	▣	▣	▢
o	▢	■	▢	▣	▣	▢	▢
multiformantes		▣	▣	▣	■	▣	▢

Primer Componente: Un formante, en el contexto de un ejercicio vocal, es un sonido sostenible e identificable creado por la forma del tracto vocal (resonador). Cada sonido enlistado en el diagrama tiene su propio patrón resonador debido a la amplificación y absorción de frecuencias, al mismo tiempo que crear diferentes niveles de presión posterior.

Elegir el formante de un ejercicio es como elegir la harina que quieres usar para la receta de una galleta. Todo tipo y marca de harina tendrá un impacto en el sabor de galleta, su forma y cómo tu cuerpo lo disfruta. Elige uno de estos formantes familiares, basados en tu condición actual y metas dimensionales.

Distintivo

Distintivo	F	B	I	R	T	A	S
ninguno (opcional)							
fry vocal	██	██		░░	██		░░
B o D	░░	░░				░░	░░
P o T		░░				░░	██
G o K	░░	▓▓	░░			▓▓	██
L	░░					░░	██
H		██	▓▓	░░			██
M, N o NG	▓▓					░░	
S							░░
Z (como un zumbido)		▓▓	▓▓	░░		██	
multi-distintivos	░░	▓▓			▓▓	██	░░

Segundo Componente: Un distintivo es un sonido que es agregado, o una interrupción a un formante. Distintivos alteran la presión subglótica y a los patrones resonantes creados por la posición o movimiento temporal de los músculos articuladores dentro del tracto vocal, similar a los formantes.

Un distintivo puede ser visto como una especie culinaria o sazonador para nuestra receta metafórica, en la cual se puede agregar o modificar su valor nutricional total (enfoque dimensional). Siéntete libre de incluir otros distintivos para acomodar tu objetivo y sabor.

Patrón	F	B	I	R	T	A	S
nota única							■
< 5ta glissando							
> 5ta glissando	■		■				
< 5ta escala							
> 5ta escala							
< 5ta gliss-escala							
> 5ta gliss-escala				■			

Tercer Componente: Un patrón se refiere a la orden y duración de cada nota dentro de un ejercicio dado. Patrones pueden ser separados en tres categorías básicas: Notas únicas, glissandos (deslizar de una nota a otra) e intervalos (escalas o melodías). Un patrón de un ejercicio puede caer dentro de cualquiera de estas categorías o una combinación.

Generalmente hablando, la nota única trabajará en *fortaleza*, un glissando trabajará en *flexibilidad* y el desarrollo de *rango*, y las escalas influenciaran primordialmente la dimensión de *entonación*. La complejidad de un patrón también jugará un rol importante en qué tanto será afectada cada dimensión. Si la duración de un patrón es menos (<) que una Quinta (La distancia entre las primeras dos notas de "Estrellita dónde estás" / "Twinkle Twinkle Little Star"), no requiere que las cuerdas vocales se estiren mucho. Si el patrón es mayor (>) que una quinta o una octava (la distancia entre las primeras dos notas en "Somewhere Over the Rainbow" / "Sobre el arcoíris"), es más posible que asista en aislar *flexibilidad* y *rango*.

Volumen

	F	B	I	R	T	A	S
bajo (< que el habla)	■	■	▨		▫		
medio (nivel del habla)	▨	▨		▨	▨	▨	▨
alto (> que el habla)		■	■	■	■	■	■
aumentos (bajo/alto)	▫	■	▨	■	■	▨	■

Cuarto Componente: El volumen se refiere a la medida general de los decibeles (dB) en el cual un ejercicio es practicado. Abajo está un análisis de los aproximados niveles de decibeles cuando se canta, relativos a la tendencias naturales de una persona cuando habla.

Bajo: menos que el promedio de la voz hablada (bajo 60 dB)
Medio: la voz hablada promedio (aprox. 60 - 75 dB)
Alto: mayor que el promedio de la voz hablada (mayor que 75 dB)
Aumentos: crescendos / decrescendos (desde 20+ dB)

Vocalizar en un volumen bajo hará más fácil que tus cuerdas vocales se estiren y se hagan más flexibles. Por el otro lado, una voz muy alta será un reto para tu voz en administrar hábilmente el suficiente aire por la duración del ejercicio. Además, los volúmenes altos construirán *fortaleza*, activarán más sobretonos (*tono*), desafiarán a *articulación* y trabajarán en *rango* cuando trabajes a través del passaggio.

Ten en mente que no todo volumen está disponible para cada formante. Por ejemplo, una formante cerrada como "n" no puede ser naturalmente proyectada al mismo nivel de decibel que una "a".

7 Dimensiones del Canto

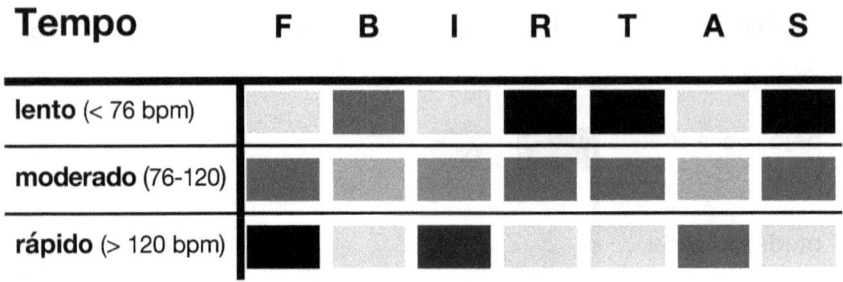

Quinto Componente: Los patrones musicales están divididos en beats per minute (bpm), en español también conocido como Pulsaciones por segundo. Tempo se refiere a la velocidad en la cual un patrón está siendo tocado, basado en los bpm. Normalmente, mientras más lento o largo sea un ejercicio vocal más coordinación se requerirá para el manejo del aire (respiración) y la estabilidad vocal (fortaleza). De la misma manera, mientras más rápido o corto sea un ejercicio, más fácil será controlar el flujo de aire y más responsivas (*flexibilidad*) serán las cuerdas vocales. Lo mismo se puede decir por un movimiento estático o lento en el yoga, a diferencia de un movimiento fluido y rápido de de una postura a otra.

Dependiendo como un patrón es construido, el tempo usado en un ejercicio puede ser desde 40 a 200 bpm. Los términos más comunes que se usan para categorizar tempos son:

Largo: 40 - 60 bpm
Larghetto: 60 - 66 bpm
Adagio: 66 - 76 bpm
Andante: 76 - 108 bpm

Moderato: 108 - 120 bpm
Allegro: 120 - 168 bpm
Presto: 168 - 200 bpm
Prestissimo: 200+ bpm

Cuando estés improvisando un ejercicio, el hecho de que se sienta lento, moderado o rápido es usualmente suficiente para generar resultados exactos. Adicionalmente, puede ayudar mucho aplaudir o usar un metrónomo, para asegurar que no subas la velocidad sin darte cuenta en un intento de evitar quedarte sin aire, o te hagas más lento para hacer las notas o dicción más fáciles.

Variable

Variable	F	B	I	R	T	A	S
ninguno (opcional)							
laringe baja		▓	▒	█	█	▓	
lengua hacia adelante		▓	▓	▓	▓	█	▒
círculos con la cabeza	█			█	▒		
acostado	▒	█		▓	▒		
estiramiento	█	▒		█	█		
ejercicios de cardio		█	█	█	▒	▒	█

Sexto Componente: La vocalización se hace generalmente en una posición recta y relajada, sentado o de pie. Modificar intencionalmente esta postura, o agregar una acción física, mientras se vocaliza, puede ayudar en completar tu mapa de ejercicios. Sin embargo, es generalmente recomendable que primero intentes un ejercicio sin una variable. De esta manera, puedes concentrarte en los aspectos fundamentales del ejercicio. Una vez que ya te familiarices con la combinación de componentes, podrás examinar de mejor forma cual de los ajustes de postura (variable), agregarias de ser necesario. Cada una de las siguientes variables sugeridas debería ser aplicada en buena forma mental y física:

Laringe Baja: Libera los "músculos para tragar" (justo arriba de la laringe) para permitir que la laringe se hunda en una posición similar al bostezo, la cual asistirá en el desarrollo de *tono* y *rango*. Tu deberías de notar no solo el cambio del timbre de tu voz con los sobretonos adicionales, pero también el movimiento de tu laringe que se mueve hacia abajo. Puedes también mirarte frente a un espejo o palpar suavemente tu garganta para confirmar esta acción cuando explores esta variable por primera vez.

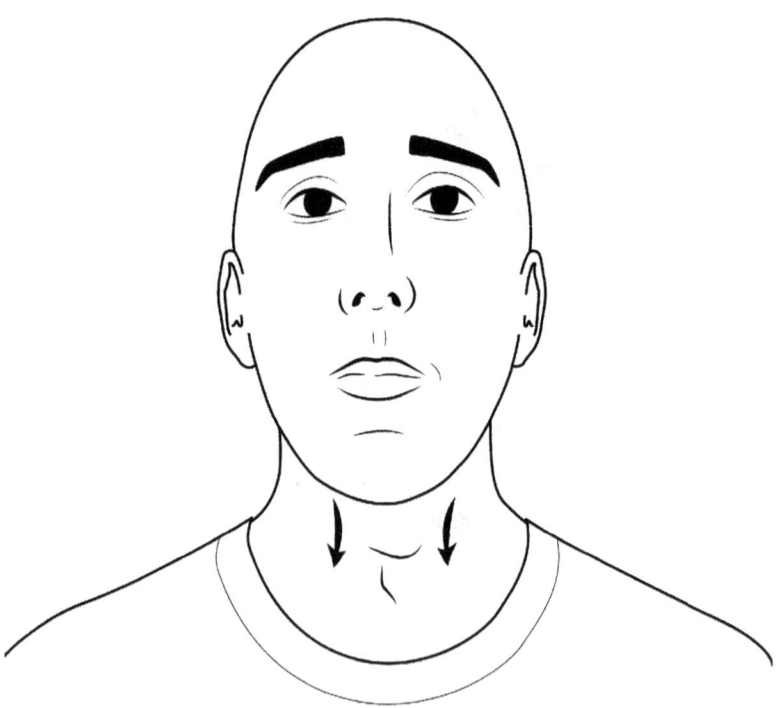

Lengua Hacia Adelante: Lleva la punta de la lengua adelante para que toque tu labio inferior, cubriendo los dientes inferiores. Aunque se sienta raro al practicar, esta extensión de la lengua te ayudará en desarrollar independencia musical, ideal para *articulación* y *tono*. También puedes poner un dedo fuera de tu boca para hacer que tu lengua se extienda más hacia afuera para tocarla y obtener retroalimentación táctil adicional.

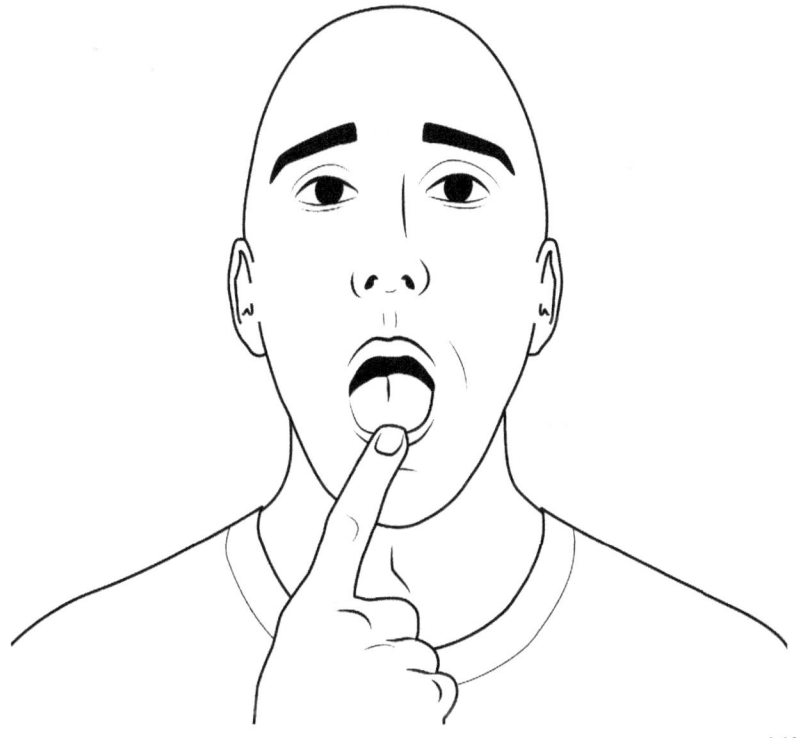

Círculos con la Cabeza: Mantén un movimiento circular con tu cabeza en una manera lenta y consistente mientras vocalizas. Mantener ocupados a los músculos exteriores, de mayor tamaño, este suave masaje de hombros y cuello te ayudará en neutralizar estrés interior y ayudará a concentrarte en los pequeños músculos que deberían estar haciendo el trabajo. Intenta usar un espejo para que te sirva como una guía visual más exacta.

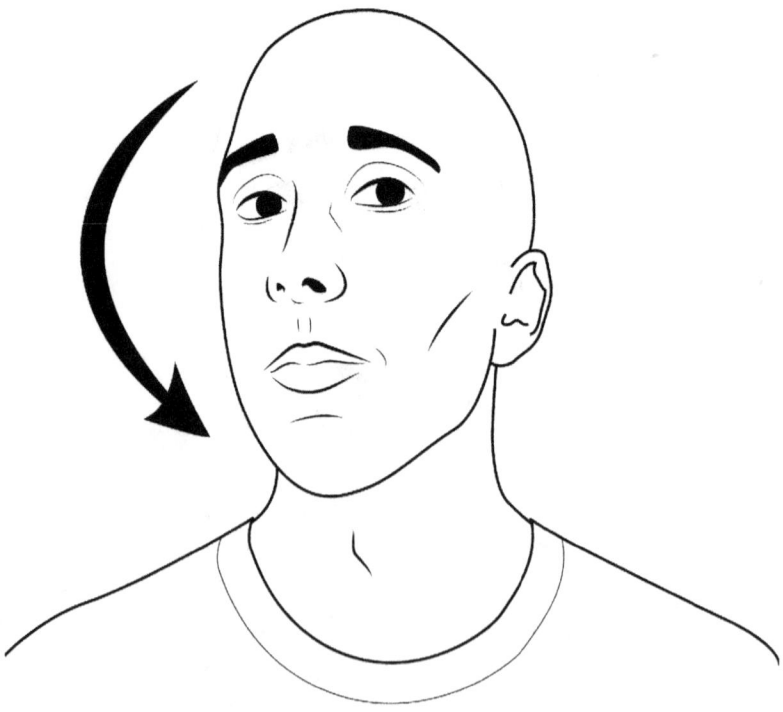

Acostado: Acuéstate en una superficie dura, con tus pies planos sobre el piso y tu cabeza apoyada (si es necesario). Este cambio gravitacional hará que tu cuerpo redistribuya su peso, aminorando tensiones musculares y te hará más alerta con la *respiración*. Una vez que hayas logrado en conseguir equilibrio vocal en esta posición, intenta reproducirlo con el mismo grado de poco esfuerzo, cuando estés de pie.

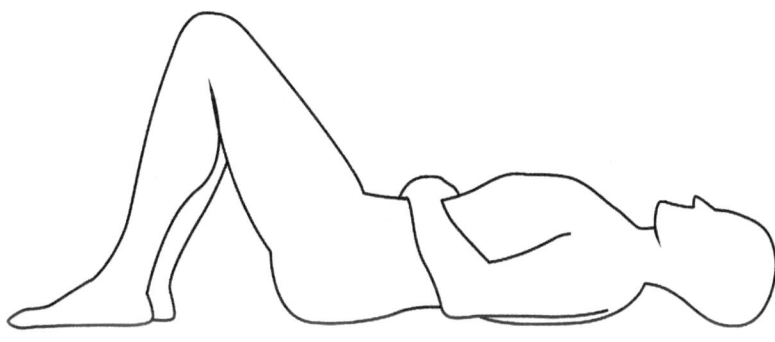

Estiramiento: Practica yoga, tai chi o cualquier otro estiramiento básico corporal mientras vocalizas. Esto ayudará a tener una distracción saludable del estrés y de pensar de más, a menudo liberando el cuerpo con un impacto positivo en *flexibilidad*, *rango* y *tono*. Movimientos de reacción como hacer botar un balón contra la pared, piso o techo también te ayudará a estar relajado y alerta.

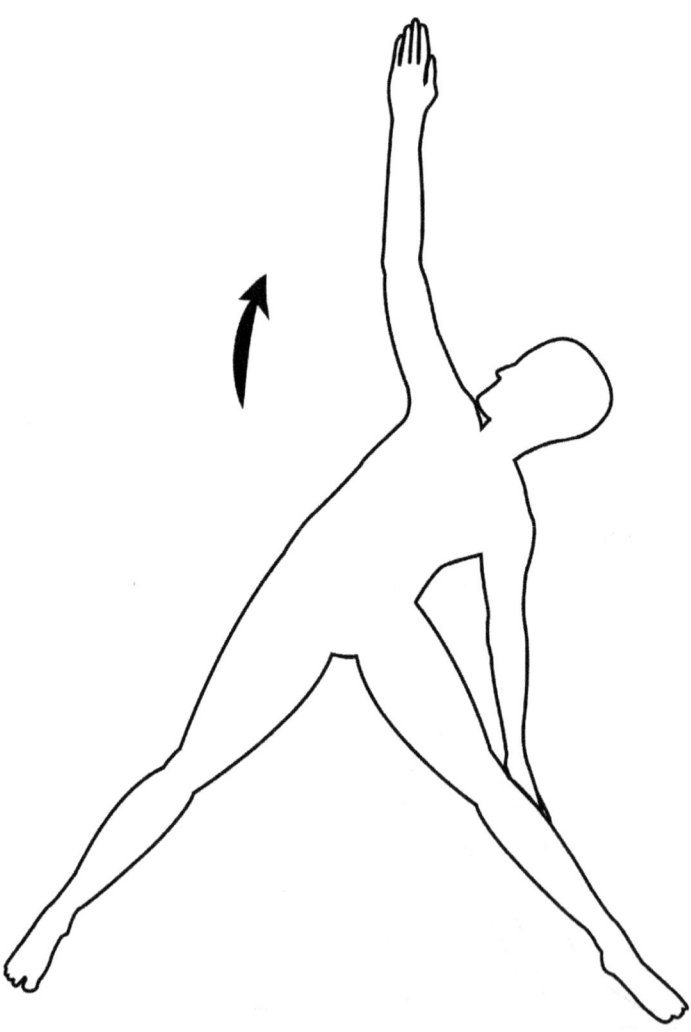

Ejercicios de Cardio: Salir a trotar un poco, subir las escaleras, jumping jacks (saltos y flexiones), ciclismo o bailar al mismo tiempo que con tu patrón serán un desafío para la *respiración* y la estabilidad general de tus cuerdas vocales (*fortaleza*). Actividad aeróbica requiere de un alto porcentaje de oxígeno a los músculos usados, y obliga a tu cuerpo a administrar todo de forma más eficiente mientras intentas cantar. Esto ayuda en grande a aquellos cantantes que son muy activos o bailan en el escenario.

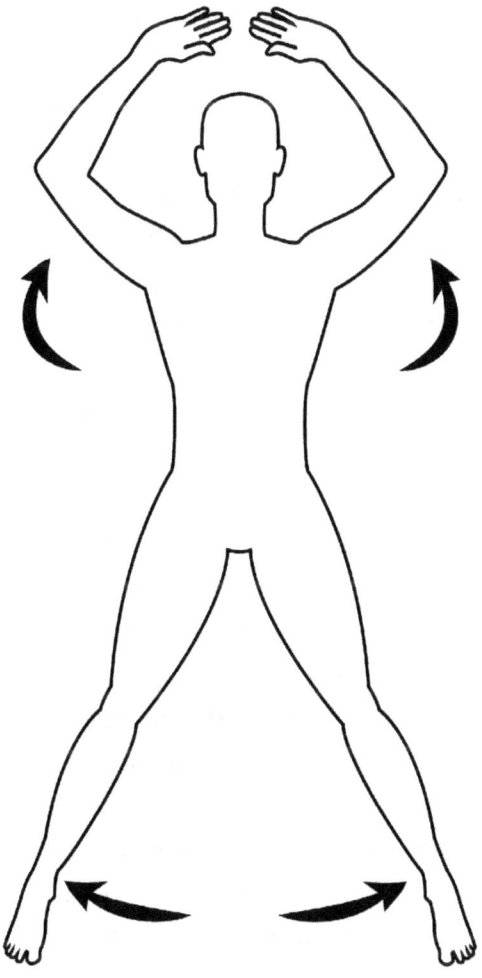

Después de leer todas las opciones del componente, vamos a ponerlos a prueba con un ejercicio tuyo. Cualquier ejercicio está bien. Puede ser uno que hayas intentado en uno de los primeros capítulos. Tal vez algo que aprendiste en el coro o viste en el internet. Cuando pienses en uno, regresa al diagrama del primer componente y encuentra el formante de tu ejercicio elegido. Entonces identifica el distintivo (si es que lo tiene). Luego, elige el patrón relacionado.

A este punto, deberías darte cuenta como las dimensiones colaboran entre estos tres componentes. Continua a través de los diagramas restantes mientras haces nota mental de cual dimensión está siendo trabajada, o tal vez, no trabajada del todo.

¿Estás sorprendido con los resultados? ¿El ejercicio que usas para el calentamiento es más adecuado para la dimensión de la *articulación*? ¿Es realmente tu ejercicio de *entonación* un ejercicio de *fortaleza* disfrazado? Puedes descubrir que algunos componentes confirman lo que ya crees que es verdad, mientras que otros pueden parecerte extraño o conflictivo con experiencias anteriores. Dado que un solo componente puede modificar radicalmente el enfoque de un ejercicio, quizás estés solo a una elección de tu intención.

Exploremos más esta idea. Toma un componente del ejercicio que acabamos de analizar. *Tempo*, por ejemplo. Intenta vocalizar el mismo ejercicio, a muy diferentes velocidades (lento en vez de rápido o viceversa) y mira cómo se siente.

¿Recalibró tu enfoque dentro del ejercicio?

¿Cambió el reto de una dimensión a la otra?

Si tú crees que un ejercicio puede ser contradictorio a lo que tu mapa sugiere, hay un par de cosas que considerar. Primero, es que el ejercicio todavía puede ser beneficioso para tu programación del subconsciente, teniendo un efecto positivo en mejorar tu habilidad de cantar y la dimensión (o dimensiones) que intentas activar. Segundo, es que puedes haber subestimado el poder del efecto de placebo (un tratamiento simulado que toma ventaja de las habilidades de curación y corrección propias del cuerpo).

La realidad es que, el simple hecho de creer que un ejercicio te ayudará a cantar mejor, te da una buena oportunidad de tener éxito. Píldoras de azúcar son famosas por haber curado el dolor, enfermedades o hasta frustrar células cancerígenas. La mente es sorprendente, sin embargo, el problema con los placebos, es que solo sirven un tercio de las veces. Es por eso que cualquier ejercicio, aunque esté hecho mal, puede tener un efecto positivo a corto plazo. No obstante, cuando se agrega un hecho fisiológico, razonamiento y tu creencia en la habilidad de un ejercicio que puede ayudarte, el porcentaje del éxito se incrementa notoriamente, dando más y más oportunidades para mejorar dentro de tu práctica.

Repasemos.

Ya sabes la diferencia entre estar en el escenario y el gimnasio vocal. Ya sabes cuáles son las siete dimensiones del canto y en cuál o cuáles concentrarte en tu entrenamiento. Y ya sabes cómo crear o mejorar un ejercicio para trabajar en esas dimensiones.

Ahora debes de responder dos de las preguntas más comúnmente hechas cuando se refiere a entrenar: "¿Qué tan seguido debo practicar?" y "¿Cómo sé que estoy mejorando?"

Resumen de Mapa de Ejercicios Vocales

- Un Mapa de Ejercicios Vocales es un diseño de componentes y sus valores relaciones para cada dimensión.

- Entender los componentes que hacen un ejercicio te permitirá crear o modificarlos a medida que los necesites.

- Los ejercicios vocales consisten de seis componentes: Formante, distintivo, patrón, volumen, tempo y variable.

- Los distintivos y las variables son dos componentes opcionales de un ejercicio.

- Los ejercicios vocales pueden ser medidos por el nivel en el que afectan a las siete dimensiones.

- Cambiar un solo componente alterará hasta cierto grado, cómo un ejercicio afecte tu entrenamiento.

- Cualquier ejercicio, hecho con buena forma vocal, puede ser beneficioso para tu desarrollo vocal, en alguna forma.

- Entender cómo un ejercicio te ayuda es mucho más fructífero que solo creer que lo hará.

No es el Destino es el Diario de Viaje

Capítulo XIII

Todo viaje tiene un inicio, lleno de esperanza y deseos de alcanzar un nuevo destino. Pero no todo viaje tiene que terminar. Tu búsqueda para cantar como siempre te lo imaginaste puede haber comenzado hace mucho tiempo, pero tu aventura continúa cada vez que tienes una nueva idea, escribes o mejoras un nuevo programa del subconsciente o extiendes la creencia en tu capacidad de mejorar. Leer este libro, por ejemplo, te trajo un nuevo set de herramientas. Te ha llevado más adelante en tu viaje vocal, teletransportándote a nuevos lugares en tu mente y enseñándote a verte a través de nuevos lentes.

Entonces, ¿cómo saber cuál es la dirección que se debe seguir para continuar?

"Marcamos los árboles durante el día y seguimos las estrellas por la noche".

Este pensamiento poético y críptico deriva de forma paralela entre tu viaje y los héroes aclamados en cada gran mitología, folclore, cuento de hadas o historia antes de dormir en todo el mundo: La historia de un individuo que va en una aventura inesperada y que un día se convierte en héroe, al superar difíciles obstáculos para ayudar, salvar e inspirar a otros.

En la historia de *Hansel y Gretel*, dos niños dejan un camino con migajas de pan en la profundidad del bosque, para que así puedan regresar a su casa otra vez. Para un vocalista, tratar de recordar cada ejercicio que has hecho cada día puede desorientarte. Tu subconsciente consumirá las migajas de memoria a corto plazo, y te perderás en un bosque de conductas pre-programadas. En vez de eso, vas a querer marcar los árboles para evitar caminar en círculos y perder tu camino. En momentos de frustración, mira a las estrellas, usando las herramientas de Throga, para orientarte de nuevo.

Con las páginas de un diario como tus árboles, podemos contar una historia al tener una lista de dónde has estado y dónde estás con tu práctica y con tu progreso. Esto te ayudará a mantenerte motivado y evitará tentadores atajos que podrían costarte a largo plazo (Ya todos sabemos el precio a pagar por comer de la casa de chocolate de la bruja). Sin embargo, a diferencia de nuestros amigos de la fábula, Hansel y Gretel, tu no quieres regresar a donde comenzaste. Queremos continuar la aventura, crear nuevos mapas, encontrar más tesoros y celebrar nuevos inicios.

En las siguientes secciones, hablaremos de cómo mantener un diario vocal, qué tan seguido debes de practicar para alcanzar tus metas y cómo examinar si estás mejorando o no.

Diario del Gimnasio Vocal

El Diario del Gimnasio Vocal consiste en dos hojas modelo (disponibles para descargar en la sección 🔊 **Multimedia del Libro 7DS**). La primera hoja, denominada "Vocal Gym Exercises" (Ejercicios del Gimnasio Vocal), es para mantener un récord de tu entrenamiento diario y tu progreso.

En el siguiente ejemplo, cada uno de los ejercicios de cada capítulo en este libro, han sido divididos en sus respectivos componentes. Por los siguientes 14 días, puedes trabajar en una variedad de dimensiones agregando, cada día, un nuevo ejercicio que tú mismo hayas creado (teniendo como referencia la fórmula del capítulo anterior) y usando los "audios de práctica" disponibles en la página web y en la aplicación de Throga. De esta forma, en solo dos semanas, tendrás un total de 21 ejercicios en tu lista principal para mantener tu entrenamiento divertido y productivo, al rotar continuamente y modificar los ejercicios en forma diaria.

Vocal Gym Exercises

#	Formante	Distintivo	Patrón	Volumen	Tempo	Variable	7DS
1	e	M/vocal fry	glissando - todo el rango	✓ M L S	S M ✓	lengua	✓ B I R T A S
2	e	♩	nota única - tresillo	✓ M L S	S M ✓	-	F ✓ I R T A S
3	zumbido	-	pulso - 13243534231	✓ M L S	S ✓ F	-	F B ✓ R T A S
4	a	-	glissando - octave	O M ✓ S	✓ M F	-	F B I ✓ T A S
5	u	G	escala - 1358531	O ✓ L S	S ✓ F	laringe baja	F B I R ✓ A S
6	aeriou	multi	escala - 123454321	O M ✓ S	S M ✓	-	F B I R T ✓ S
7	multi	-	nota única - contando	O M L S	S M F		F B I R T A ✓
8				O M L S	S M F		F B I R T A S
9							R T A S

En el siguiente ejemplo, el inicio de un Diario del Gimnasio Vocal ha sido llenado. Tiene como referencia los números de los ejercicios del ejemplo del Gimnasio Vocal, posibles modificaciones, las dimensiones enfocadas y cuánto tiempo pasaste trabajando en ellas.

Utilizando los ejercicios de los tres primeros capítulos *flexibilidad, respiración* y *entonación*, es una buena forma de comenzar tu viaje. En los días siguientes, puedes explorar los ejercicios de otros capítulos e introducir otros que te hayan enseñado o incluso uno que tú mismo hayas creado. Sin importar las dimensiones que elijas para trabajar, siempre comienza tu entrenamiento con uno o dos ejercicios de *flexibilidad*.

Diario del Gimnasio Vocal

Fecha	Ejercicio	Modificaciones	7DS							Tiempo
Enero 1	1	sin Fry Vocal	✓	B	I	R	T	A	S	7 mins
	2	-	F	✓	I	R	T	A	S	7 mins
	3	-	F	B	✓	R	T	A	S	14 mins
Enero 2	1	hice yoga mientras vocalizaba	✓	B	I	R	T	A	S	7 mins
	4	volumen bajo y haciendo "círculos con la cabeza"	✓	B	I	✓	T	A	S	14 mins
	4	-	F	B	I	✓	T	A	S	3 mins
	2	volumen medio	F	✓	I	R	T	A	S	7 mins
Enero 3	6	volumen bajo con solo el distintivo "M"	✓	B	I	R	T	✓	S	14 mins
	3	-	F	B	✓	R	T	A	S	21 mins
	7	usé "ja" en vez de números	F	✓	I	R	T	A	✓	3 mins
	7	-	F	B	I	R	T	A	✓	7 mins
Enero 9	4	bajo volumen y más rápido de lo normal	✓	B	I	R	T	A	S	7 mins
	3	sin pulso (legato)	✓	B	✓	R	T	A	S	10 mins
	6	volume alto y todo con una formante "a"	F	B	I	R	✓	✓	S	14 mins
	5	-	F	B	I	R	✓	A	S	7 mins

Marcar las dimensiones te facilitará ver en cuáles te has enfocado en la práctica. Como puedes haber notado en el ejemplo del diario, la dimensión del *tono* fue ignorada por muchos días antes de que fuera enfocada. Mientras más tiempo pases forjando tu diario, más precisa se hará tu práctica y más organizado será tu programación subconsciente.

7 Dimensiones del Canto

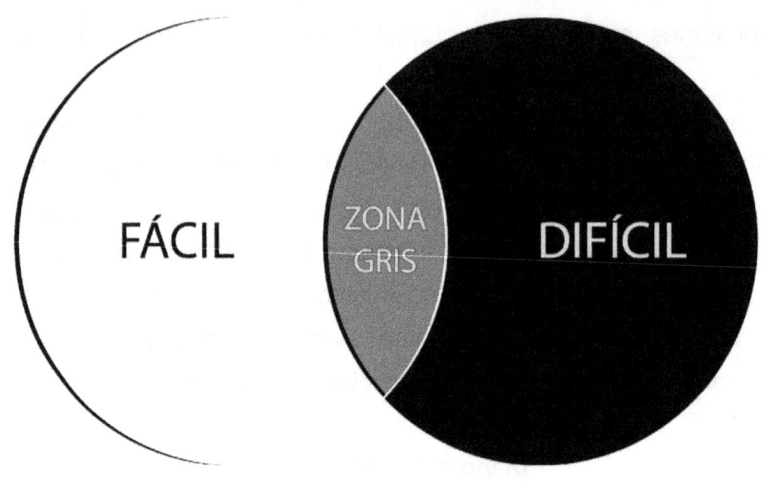

Para mejorar este proceso, debes de entrenar en la "zona gris", donde el color blanco representa un sentido de facilidad y familiaridad, y el color negro representa un nivel alto de dificultad. La meta es pasar el más tiempo posible en la línea gris, donde los dos conceptos se interceptan. Aunque las zonas de color blanco (fácil) y negro (difícil) tienen sus beneficios que son ocasionalmente explorados, ellas generalmente dificultan nuestro progreso. La razón de esto es que, si nuestro entrenamiento es muy fácil, nuestro subconsciente comienza a tomar el control y nos hacemos muy complacientes con nuestra práctica. Si nuestro entrenamiento es muy difícil, respondemos con frustración innecesaria y tensión, lo cual hace más fuertes a las conductas negativas en nuestro canto. Una vocalización cuidadosa en el "camino del medio" es lo ideal.

"Dale a un hombre un pescado y lo alimentarás por un día. Enseña a un hombre a pescar, y lo alimentarás por toda su vida."

- Anónimo

Ya que tu voz está contigo las 24 horas del día y tu maestro de canto, si tienes uno, no lo está, nadie está allí para decirte cuándo cambiar de un volumen alto, cambiar a un tempo más lento o graduarte hacia un nuevo patrón cada vez que practiques. Es por esto por lo que entender cómo acceder y mantener tu tiempo en la zona gris, con o sin un maestro, es esencial en tu viaje.

Aquí es donde viene en juego el beneficio de tener un diario. Te avisará de lo que tienes que trabajar y si se necesitan pequeños ajustes para mantenerte en la zona gris. Una sola modificación te ayudará a mantener tu mente centrada y tu voz alerta.

Aparte de *flexibilidad* durante tus calentamientos, no hay necesidad de dar una atención directa a una dimensión donde ya tienes control, ya que cada dimensión será siempre enfocada en forma parcial. Sin embargo, si tienes muchos problemas con un ejercicio, eso indica que al menos una de las dimensiones que se está enfocando está tomando demasiada energía de ti. Cuando esto pase, intenta alterar un componente a la vez para determinar la mejor forma de mantenerte fuera del color negro y volver a la zona gris.

Si sientes que todos los ejercicios del libro son muy difíciles, no te desanimes . Cada cantante tiene espacio para mejorar en todas las dimensiones. Sin excepción. Trabaja con uno a la vez, de preferencia en el orden en el que son presentados, y sigue las sugerencias en el capítulo respectivo para simplificar el ejercicio a medida que construyes tu cimiento vocal. Si ninguno de los ejercicios se siente como un desafío, revisa una vez más y asegúrate que estás siguiendo todas las *Pautas de Throga* antes de explorar con otros componentes. Recuerda que estás en la búsqueda de un tesoro, buscando activamente oportunidades para mejorar. Con el tiempo, tendrás la sabiduría para hacer rápidas y precisas modificaciones en tu práctica, permitiéndote un progreso continuo.

¿Qué tan Seguido Debería de Practicar?

Entrenamiento vocal de buena calidad es necesario si no puedes satisfacer tus esfuerzos vocales solo a base de pruebas. El cuánto tiempo pases practicando es solo efectivo en relación a lo bien que esté tu práctica mental. Para entrenar el cuerpo y la mente, una hora al día de vocalización enfocada creará nuevas y positivas conductas en un corto periodo de tiempo relativo. Esto no incluye las incontables horas que tendrás que pasar cantando, escribiendo canciones o trabajando en el estudio, si estás buscando una carrera de tiempo completo en el canto.

Una hora al día puede parecer mucho, ten en mente que eso no es diferente a darle la prioridad a cualquier otra pasión que tengas y que quieras hacer una profesión. ¿Cuántas horas debe de un bailarín dar a su arte para llamarse un "profesional?" ¿Cuántos años toma para convertirse en un notable pintor, poeta o compositor Como todo lo demás en la vida, mientras más pongas en ello, más recibirás de ello.

*"Si pierdo un solo día de práctica, me doy cuenta.
Si pierdo dos días de práctica, los críticos se dan cuenta.
Si pierdo tres días de práctica, el público se da cuenta."*

- Franz Liszt (1811 - 1866)

Como lo hablamos anteriormente, puedes acceder al gimnasio vocal a la velocidad del pensamiento. Por lo cual, desafortunadamente, quiere decir que puedes salir de allí igual de rápido. El momento en el que comienzas a pensar en responder a un mensaje de texto, lavar ropa, recoger el correo u ordenar algo por internet, ya no estás más presente. Es por eso que es ideal trabajar en sesiones concentradas de 20 minutos a la vez.

Todo lo que tienes que hacer es mover tu concentración a una nueva dimensión o introducir una nueva variable con tu ejercicio actual cada 20 minutos. Puedes también tomar descansos entre estas sesiones, con una duración de unos pocos minutos hasta muchas horas, siempre y cuando vuelvas a tocar a *flexibilidad* para mantener tu voz relajada. Esto puede incluir casualmente vocalizar melodías de canciones, escalas o glissandos a bajo volumen a través de todo tu *rango*.

La sección Multimedia 7DS del libro tiene ejercicios que son de unos 7 minutos más o menos de duración, para que puedas acomodar este enfoque haciendo tres ejercicios por sesión (o nueve en una hora completa). También puedes repetir los mismos instrumentales, mientras haces pequeñas modificaciones a los componentes necesarios, para mantener el entrenamiento ameno.

En días de desempeño vocal, sea que estés sobre el escenario o dentro del estudio, es recomendable que modifiques tus calentamientos de la manera necesaria. Como una regla general, la duración de tu entrenamiento debería ser proporcionalmente inversa al número de canciones que tendrás que cantar. Así que, si tienes una extenuante presentación de cuatro horas que te vienen en camino, o tienes que hablar todo el día en un evento, intenta un calentamiento corto con el enfoque en *flexibilidad*. Pero si de otra manera, tienes una audición de una sola canción o una corta presentación en una boda, es mejor trabajar en las siete dimensiones del canto con un calentamiento largo para asegurar que tu voz está en su mejor forma cuando el momento llegue.

¿Cómo sé Que Estoy Mejorando?

La naturaleza otorga los mejores ejemplos de crecimiento y transformación. ¿Alguna vez te has detenido a admirar una oruga arrastrarse lentamente para atravesar una hoja? Es una criatura de extraños rasgos y unos interesantes patrones en su lomo, apenas mostrando un leve potencial para los colores. En algún punto en su vida, ocurrirá una metamorfosis y la oruga se encerrará en un capullo. Ahora para nosotros los espectadores, a medida que pasamos, esta pequeña cubierta marrón colgada de una hoja puede verse poco interesante u ordinaria. Pero cada día, la cubierta cambia lentamente de forma, tamaño y color, a medida que la criatura adentro trabaja sin descanso para alcanzar su meta.

Al igual que tú, la forma, tamaño y color de tu voz pueden ser medidos por el promedio creciente de momentos exitosos. Una combinación de sentidos puede ser usado para ser testigo de esto: Tú puedes sentir menos molestias en tu garganta cuando cantes notas agudas, escuchar que igualas las notas de una melodía en forma más consistente o tener una sensación fuerte de confianza en tu práctica. Sin embargo, si no sientes que estás progresando, asegúrate que no te estés saltando los puntos básicos para el desarrollo haciéndote estas preguntas:

Salud: ¿Estás hidratado constantemente, durmiendo lo suficiente, evitando traumas a las cuerdas vocales como toser, gritar o llorar?

Herramientas: ¿Estás usando tu mapa (7DS) y brújula (*Pautas de Throga*) para trabajar en las dimensiones correctas y en buena forma vocal?

Práctica: ¿Estás practicando en forma consciente todos los días o lo necesario cuando es casualmente conveniente?

A veces, puede ser difícil distinguir qué has mejorado cuando estás tan cerca a tu voz. Una forma fácil de monitorear el progreso es grabarte de vez en cuando cantando una canción elegida, y luego escucharla después de un par de semanas o meses para comparar y examinar qué dimensión o dimensiones necesiten de más trabajo. Usar una simple aplicación para grabar tu voz será más que suficiente. Solo asegúrate de escribir las fechas.

7 Dimensiones del Canto

"Cuando veas que hoy ya no eres tan sabio como pensaste que fuiste ayer, significa que eres más sabio hoy."

- Anthony DeMello (1931 – 1987)

Algunas veces, puede que sientas que estás alcanzando un nivel neutral de progreso o incluso que estás retrocediendo. Si esto pasa, aunque estás aplicando todas las herramientas de este libro y practicando en forma diaria, no temas. A medida que tus habilidades mejoran, también tu conocimiento lo hará. La alerta interna que trae ese conocimiento te ayuda a ser imparcial. No te alumbra en las cosas que tú quieres ver y pone una sombra sobre las cosas que no quieres. Arde con el mismo brillo en las siete dimensiones, iluminando las imperfecciones y desequilibrios que buscamos mejorar.

Cada día, despiertas con una nueva versión de ti. Esto es debido a la experiencia y conocimiento que has ganado del día anterior, salud general y condiciones de ambiente. Por lo mismo, leves modificaciones serán necesarias para cantar con resultados consistentes, y de la misma forma, mejorar. En *Mapa de Ejercicios Vocales*, comparamos el gimnasio vocal con una cocina. Imagina despertar con una cocina nueva todos los días, teniendo que preparar el mismo tipo de galletas. Puede que encuentres esto más difícil de lo que esperas. ¿Estás usando la misma marca de ingredientes que el día anterior? ¿Cuál es la humedad y la temperatura de los armarios donde se guardan? ¿Están en buen estado? ¿Cambió el grosor de tus bandejas de cocción? ¿Usaste un aerosol de cocina en vez de papel de de cera normal?

Los tipos de variaciones de la calidad y medida de cada ingrediente, y el proceso de cocinar, son infinitos. Es por eso por lo que una galleta con chispas de chocolates, consistiendo sólo de un puñado de ingredientes puede terminar completamente diferente usando la misma receta una y otra vez. Mientras más hábil seas navegando las *7 Dimensiones del Canto*, más hábil y confiable tu voz se hará. Sin embargo, si forjar un diario no se te hace práctico, intenta al menos recordar y aplicar estas dos cosas: (1) rota y cambia los ejercicios todos los días y (2) practica lo más seguido que puedas. Un verdadero signo de entrega a cualquier arte es cuando las personas que viven contigo se quejan de tu rutina diaria. PRACTICA, PRACTICA, PRACTICA...y luego practica un poco más.

Sea que estés decidido a vocalizar una vez al mes o muchas veces al día, nunca olvides la razón por la cual comenzaste a trabajar en tu voz en primer lugar; por el amor a cantar. Esta es la máxima herramienta motivacional para seguir forjando tu camino hacia adelante.

Regresando al ejemplo de la oruga y su capullo, la oruga lleva el mismo ADN que tiene cuando emerge como una mariposa. Pero una oruga solo se puede convertir en una mariposa, si hace todas las preparaciones necesarias y desarrolla la coordinación y la fuerza que necesita para romper su capullo. Tú también tienes la capacidad de transformarte. Puedes pasar el tiempo mirando hacia el cielo con envidia, o puedes alimentar tus aspiraciones y tomar vuelo.

Sin importar de cuales sean tus metas vocales, o a dónde te lleve tu viaje, aprender a equilibrar tu voz enriquecerá tu vida y agregará nuevos aspectos a tu yo interior.

Practica.

Canta.

Vuela.

Resumen de No es el Destino es el Diario de Viaje

- Tu viaje en el desarrollo vocal durará por siempre mientras tomes nueva información y trabajes en mejorar tus habilidades.

- El propósito de mantener un diario vocal es el de no perder la vista de dónde estás y en qué dirección necesitas ir.

- Haz ejercicios que te mantengan en la "zona gris", la cual es la que se encuentra en el medio de lo fácil y difícil.

- Mantén una lista principal de tus ejercicios, para que puedas rotarlos y así mantener tu entrenamiento innovador y efectivo.

- Comienza entrenando con *flexibilidad* antes de moverte a las dimensiones que encuentras más difíciles.

- Siempre aplica las *Pautas de Throga* y cambia solo un componente a la vez para hacer ajustes.

- Cantantes serios deberían practicar al menos una hora todos los días.

- Divide tu tiempo de práctica en segmentos de 20 minutos para mantener un enfoque constante.

- No pierdas el espíritu si no notas cambios inmediatos.

- Grábate a ti mismo cantando una canción y guárdalo, para que puedas compararlo en semanas o meses para que escuches tu progreso.

- Mientras más tiempo de calidad pases entrenando tu voz, más obvio será el crecimiento que notarás cuando cantes.

Glosario de Términos

Maestros de Canto, patólogos del habla, otorrinolaringólogos y otros especialistas usan una variedad de términos, tanto médicos como en metáfora, para ayudar a la comunicación con el vocalista. Las siguientes descripciones tienen como intención ofrecer traducciones literales y directas de palabras clave y terminologías dentro del contexto de este libro y su relación con el instrumento vocal.

Abducción: la acción de separar las cuerdas vocales

Ácido Hialurónico: un fluido con componente de agua almacenado en la capa superficial de las cuerdas vocales, permitiéndoles vibrar con mínima fricción

Activador: presión de aire de los pulmones (*respiración* de salida) que inicia la vibración de las cuerdas vocales.

Adrenalina: una hormona liberada por las glándulas adrenales como parte del mecanismo de "lucha" o "huida" permitiendo un incremento temporal en fuerza, velocidad y reflejos

Aducción: la acción de acercar las cuerdas vocales juntas

Alvéolos: los millones de sacos diminutos ubicados en los pulmones, por las cuales pasan las moléculas de oxígeno antes de entrar a la corriente sanguínea y por la cual es liberada el dióxido de carbono

Amígdala: una estructura como parte del sistema límbico, que regula una variedad de emociones junto con nuestra respuesta de "lucha" o "huida"

Aproximación: el acto de traer las cuerdas vocales muy cerca la una a la otra, de abducción (separadas) a aducción (juntas) para la fonación

Aritenoideo Oblicuo: músculos ubicados dentro de la laringe, parcialmente responsables de juntar a las cuerdas vocales (aducción)

Aritenoideo Transverso: músculo ubicado dentro de la laringe, parcialmente responsable por juntar las cuerdas vocales (aducción)

Articulador: los músculos afiliados con la lengua, mandíbula y labios, los cuales aclaran, interrumpen y forman el sonido generado por el vibrador y resonador del instrumento vocal

Cartílago Tiroides: coraza externa de la laringe, comúnmente conocida como la "manzana de Adán"

Cavidad Oral: espacio abierto creado por la lengua, orofaringe, paladar blando, mejillas y paladar duro como parte del tracto vocal, asociado más con la dimensión de *articulación* que *tono*

Cavidades Nasales: orificios hechos de cartílago entre la nasofaringe y las fosas nasales, como parte del resonador del instrumento vocal

Cerebelo: la estructura del cerebro que es responsable por iniciar el proceso auditivo y por coordinar y administrar la actividad muscular voluntaria tales como postura, equilibrio, coordinación, habla y canto

Cerebro: un órgano hecho de tejido suave en el cráneo, el cual monitorea, coordina y regula las acciones del cuerpo a través del sistema nervioso, incluyendo todos los procesos relacionados al canto

Componente Distintivo: un componente de un ejercicio vocal que define el sonido que es agregado o interrumpe a un formante

Componente Formante: un componente de un ejercicio vocal que define un sonido sostenible e identificable al ser creado y moldeado por el tracto vocal

Componente Patrón: un componente de ejercicio vocal que define el orden y la duración de cada nota dentro de un ejercicio dado

Componente Tempo: un componente de un ejercicio vocal, que define la velocidad a la cual el patrón es tocado, medido por latidos por minuto (beats per minute, bpm)

Componente Variable: el componente de ejercicio vocal que defina la modificación intencional o acción con la postura del cuerpo

Componente Volumen: un componente de ejercicio vocal que define la medida general de decibeles (dB) en los que se practica

Corteza Prefrontal: ubicado en el lóbulo frontal del cerebro, responsable de la conciencia de sí mismo, razonamiento y planeamiento

Cricoaritenoideo Lateral: músculos ubicados dentro de la laringe, parcialmente responsables por juntar las cuerdas vocales (aducción)

Cricotiroideo: el músculo que interactúa con los tiroaritenoideos (vocal), usado primordialmente para ajustar la tensión de las cuerdas vocales para las dimensiones de *flexibilidad, entonación* y *rango*, inclinando levemente al cartílago tiroides hacia adelante

Cricoaritenoideo Posterior: músculos ubicados dentro de la laringe, primordialmente responsables en separar las cuerdas vocales (aducción)

Cuerdas Ventriculares: un par de gruesos pliegues arriba de las cuerdas vocales en la laringe, diseñados para administrar la presión de aire y no la vibración, también conocidas como las "cuerdas falsas"

Cuerdas Vocales: el set inferior de pliegues en la laringe usado para la fonación, hecho de cinco capas: epitelio, lámina propia (superficial, intermedia y profunda) y el músculo vocal, también conocido como las "cuerdas verdaderas" o "pliegues verdaderos"

Diafragma: músculo con la forma de un domo que divide el abdomen del tórax (pecho), primordialmente usado para la inhalación y con una relación antagonista con los músculos de la exhalación durante la fonación

Dióxido de Carbono: el producto de sobra que deja el cuerpo después de usar el oxígeno, que pasa a través de las paredes alveolares, y es liberado como parte de la exhalación

Dopamina: una hormona afiliada con la sensación de gozo, el cual el cuerpo puede liberar cuando se canta

Edema: la inflamación de las cuerdas vocales, la mayoría de las veces debido a fricción o infección

Efecto Bernoulli: para la fonación, este principio de la física junta las capas exteriores de las cuerdas vocales en un patrón de rápida vibración cuando el aire pasa entre ellas a una velocidad constante

Epiglotis: un cartílago en forma de hoja cubierto en una membrana mucosa que cierra la laringe para protegerla de partículas extrañas (alimento y líquido) al tragar, que actúa como parte del tracto vocal, justo arriba de las cuerdas vocales.

Epitelio: la capa delgada de las cuerdas vocales que se encuentra al exterior, la cual ayuda a protegerlas de abrasiones causadas por el rápido movimiento de aire en la *respiración* o fonación.

Faringe: la parte de la garganta que está más afiliada con la dimensión de *tono*, la cual se extiende desde la laringe hasta la cavidad nasal y puede ser dividida en tres regiones: laringofaringe, orofaringe y nasofaringe

Fonación: cualquier tipo de sonido vocal (cantar, hablar, llorar, reír, pujar, etc.) creado por la vibración de las cuerdas vocales

Frecuencia: las vibraciones del sonido por segundo, causado por la onda mucosa de las cuerdas vocales

Frecuencia de *Entonación*: aquella frecuencia seleccionada que es creada por la velocidad consistente de la vibración de las cuerdas vocales

Glotis: la abertura entre las cuerdas vocales

Hiper Nasal: el resultado de mucho aire pasando por las cavidades nasales, causando un sonido "delgado" y "chillón"

Hipo Nasal: el resultado no tener suficiente aire entrando en las cavidades nasales, causando un sonido más "oscuro" y similar al de una "nariz congestionada"

Hipocampo: la estructura del cerebro como parte del sistema límbico, asociado en convertir recuerdos de corto plazo, en recuerdos de largo plazo

Hipotálamo: la estructura del cerebro que es parte del sistema límbico, el cual regula la producción de hormonas, sed, *respiración*, cambios de ánimo, dolor, respuesta al placer, libido y ritmo circadiano

Hioides: un hueso con forma de U que "flota" en la base de la lengua y en la parte superior de la laringe

Impacto Glotal: una rápida colisión de las cuerdas vocales, creando un corto sonido no musical, también conocido como una "parada glotal"

Intercostal Externo: músculos situados entre las costillas que expanden los pulmones para asistir con la inhalación

Intercostal Interno: músculos situados entre las costillas que comprimen los pulmones para asistir con la exhalación

Lámina Propia: capas de las cuerdas vocales que vibran y producen sonido, están ubicadas entre el epitelio (capa exterior) y el músculo vocal (capa interior), y está primordialmente hecha de fibras lubricadas y altamente elásticas, también es conocida como LP (por sus siglas en inglés) o Espacio de Reinke

Laringofaringe: la sección más baja de la faringe (arriba de la laringe), como parte del tracto vocal, usado para cultivar la dimensión de *tono*

Laringe: órgano ubicado en la parte superior de la tráquea con paredes de cartílago y músculo, en el cual se encuentran las cuerdas vocales para la fonación, también son responsables de asistir con la acción de tragar, *respiración* y puede actuar como una válvula de presión

Mente Consciente: Una parte del sistema nervioso que está activo en la corteza prefrontal, ubicada en el lóbulo frontal del cerebro, el cual es el centro de la razón, planeamiento y alerta

Mente Inconsciente: operaciones emocionales, reguladoras y protectoras del cerebro, que ocurren sin que lo noten la mente consciente y el subconsciente

Mente Subconsciente: base de datos de información aprendida y conductas en varias partes del cerebro, las cuales permiten a la mente procesar y moderar en forma "automática" acciones del cuerpo

Músculos Abdominales: un grupo de músculos que se usan para estabilizar el cuerpo y el trabajo en conjunto con el diafragma y los músculos intercostales para la dimensión de *respiración*, la cual incluye los oblicuos externos, internos, abdominal transverso y el abdominal recto ubicado en el abdomen

Músculos Aritenoideos: músculos de la laringe que se mueven y giran sobre su eje para aproximarse (Cricoaritenoideo posterior, cricoaritenoideo lateral, aritenoideo oblicuo y transversal) así como también, ajustes relacionados con el grosor de las cuerdas vocales

Músculos de la Articulación: la lengua, mandíbula y músculos labiales se agrupan como parte del tracto vocal, los cuales asisten en la dimensión de *articulación*; **los músculos de la lengua** incluyen la lengua misma (superior, inferior y longitudinal transverso) y los músculos sujetados (palatogloso, estilogloso, hiogloso y genihioideo); **los músculos de la mandíbula** incluyen el masticador y los depresores mandibulares (temporal, masetero, estilohioideo, pterigoideo, digástrico, milohioideo y platisma); **los músculos labiales** incluyen los orbiculares de la boca y los músculos expresivos que lo rodean (elevador superior, cigomáticos, risorios, bucinador, depresores y mentoniano)

Músculos de la Exhalación: grupo de músculos (interno intercostal y abdominal) que trabajan en una relación antagonista con los músculos de la inhalación, usados para regular la liberación o compresión de los pulmones cuando empujan aire hacia el exterior

Músculos de la Inhalación: grupo de músculos (intercostales externo y diafragma) que trabajaban en una relación antagonista con los músculos de la exhalación, usados para crear un vacío dentro de los pulmones y así aspirar aire hacia el interior

Nasofaringe: la sección más alta de la faringe (La cual se abre a las cavidades nasales), como parte del tracto vocal, es usado para cultivar la dimensión de *tono*

Oblicuo Interno: parte de la pared abdominal que puede asistir con el control de la exhalación

Oblicuo Externo: parte exterior de la pared abdominal que puede asistir con el control de la exhalación

Onda Mucosa: un tipo de vibración creado por una acción similar a una onda, por la lámina superficial de las cuerdas vocales, las cuales empujan moléculas de aire a diferentes velocidades, creando frecuencias que el oído humano y el cerebro interpreta como sonido

Orofaringe: la sección media de la faringe, como parte del tracto vocal, es usado para cultivar la dimensión de *tono*

Oxígeno: un gas incoloro e inodoro mezclado con el aire que respiramos, y que el instrumento vocal (cuerpo) necesita para sostenerse.

Oxitocina: una hormona afiliada con la sensación de intimidad y cariño, la cual el cuerpo puede liberar como respuesta al cantar

Paladar Blando: tejido muscular en la sección posterior y superior de la cavidad oral, usada para canalizar cantidades deseadas de aire (y sonido) en la boca y nariz como parte del tracto vocal

Paladar Duro: el techo de la cavidad oral (boca) como parte del tracto vocal

Passaggio: el proceso de transición de un registro vocal a otro, también conocido como "puente", "medio" y "voz mixta"

Presión Subglótica: presión de aire debajo de las cuerdas vocales, administrada por la exhalación de músculos y la aproximación de las cuerdas

Presión Posterior: una presión de resistencia ejercida por el aire ante la reducción del tracto vocal, haciendo más fácil para el tiroaritenoideo desactivarse y que las cuerdas vocales vibren

Pulmones: dos órganos de gran tamaño parecidas a esponjas y llenos de millones de alvéolos como parte del sistema respiratorio del instrumento vocal y fuente de aire usado en el proceso de exhalación para la fonación

Recto Abdominal: parte de la pared abdominal que puede asistir en el control de la exhalación

Registro de Cabeza: cuando las cuerdas vocales están aproximadas durante la fonación y en una posición más delgada que el registro de pecho

Registro de Falsete: cuando las cuerdas vocales están en una posición más delgada que en la voz de cabeza y levemente separadas de tal manera que solo los bordes de las cuerdas vocales vibran

Registro de Fry Vocal: Considerado en ser el registro vocal más bajo, con una vibración irregular causada por falta de presión subglótica y un leve aflojamiento en la tensión de las cuerdas vocales

Registro de Pecho: cuando las cuerdas vocales se aproximan y en una posición más gruesa que en el registro de cabeza

Registro de Silbido: considerado en ser el registro vocal más alto, ocurre cuando las cuerdas vocales se estiran completamente con un diminuto espacio para que el aire viaje a través, forzando a las moléculas de aire a crear frecuencias muy altas

Registro Vocal: una posición de las cuerdas vocales y su interacción con el flujo de aire y resonador, que puede ser categorizado como "fry vocal", "pecho", "cabeza", "falsete" y "silbido"

Resonador: la cámara de espacio en el instrumento vocal (tracto vocal) que contribuye con frecuencias resonantes adicionales en respuesta a la vibración de las cuerdas vocales

Sistema Límbico: una colección de estructuras en el cerebro, el cual administra nuestra programación prerracional (inconsciente), consistiendo de operaciones, emocionales regulatorias y de protección

Sobretonos: frecuencias adicionales o parciales creadas desde una onda de sonido fundamental reflejado en el tracto vocal (resonador)

Torácico: el espacio arriba del diafragma y cerrado por las costillas (pecho), que contiene a los pulmones y el corazón

Tiroaritenoideos: músculos intrínsecos de la laringe que pueden incrementar y quitar la tensión y la masa de las cuerdas vocales en una relación antagonista con el músculo cricotiroideo, directamente afiliados con las dimensiones de *flexibilidad, entonación, rango y fortaleza*

Tono: patrones resonantes (formación de frecuencias amplificadas) creadas primordialmente por la forma de los espacios arriba de la laringe (tracto vocal), a veces referido como "timbre"

Tracto Vocal: los espacios colectivos entre las cuerdas vocales y los labios o fosas nasales (faringe, cavidad oral y cavidades nasales) que actúan como el resonador del instrumento vocal

Transverso Abdominal: parte de la pared abdominal que puede asistir con el control de la exhalación

Tráquea: el espacio cilíndrico que conecta los pulmones con la laringe

Vibrador: la parte del instrumento vocal que vibra (cuerdas vocales) en reacción a la presión de aire liberada por los pulmones

Vocal: la parte intermedia del músculo tiroaritenoideo y la capa más profunda de las cuerdas vocales, las cuales hacen que aumenten su grosor cuando se contraen, teniendo un rol muy importante en la fonación y la colocación del registro vocal

Vocalizar: el acto de fonar con la intención de entrenar e incrementar la habilidad o coordinación de la voz para el canto o el habla

Sobre el Autor

Richard Fink IV es el creador de Throga, autor #1 en la lista de libros más vendidos de educación vocal y designado por el Wall Street Journal como el "Maestro de Canto Online más destacado del Mundo". Utilizando Skype, Richard ha trabajado con clientes de en más de 100 países que abarcan los 7 continentes, desde el 2007. También ha enseñado su técnica de Throga a artistas ganadores de discos platino, actores de televisión y cine, líderes políticos, estrellas de Broadway y cantantes que han firmado con Warner Bros, Universal, Sony Music, Walt Disney, Columbia, Interscope, Atlantic, Mercury and Broken Bow y con otros que han sido presentados en Disney, Nickelodeon, La Voz (Estados Unidos y Australia), América Tiene Talento, El Factor X, American Idol, Yo Soy el Artista y muchos otros.

Como vocalista, Richard es tres veces poseedor del récord mundial Guinness y cantante galardonado por interpretaciones solistas como Jesús (Jesucristo Súper Estrella) y Jean Valjean (Los Miserables). Lanzó varios álbumes como compositor y productor vocal entre 1991 y 2005, lo que lo llevó a la co-autoría y a grabar demos de canciones para artistas reconocidos como Josh Groban y Michael Jackson.

Otros aspectos destacados de su carrera como entrenador vocal son las giras con Big Time Rush, ser juez de la competencia The Voice of DanceLife Unite en Australia y la competencia Suncane Skale en Europa, entrenando en el Talent Camp en Universal Studios y ser un orador en JMC Academy (escuela afiliada a Berklee College of Music) en Sydney, Brisbane y Melbourne. Lo más destacado, Richard es la primera persona en la historia con una Patente de completa utilidad en técnica de entrenamiento vocal con las 7 Dimensiones del Canto.

www.ingramcontent.com/pod-product-compliance
Lightning Source LLC
Chambersburg PA
CBHW070756100426
42742CB00012B/2148